책상 위로
올라간
정치

책상 위로
올라간
정치

2013년 5월 3일 처음 펴냄
2014년 1월 20일 2쇄 찍음

지은이 파트리스 파바로·필리프 고다르
옮긴이 김혜영
펴낸이 신명철
편집장 장미희
편집 김지윤, 장원
디자인 최희윤
펴낸곳 (주)우리교육
등록 제 313-2001-52호
주소 (121-841) 서울특별시 마포구 월드컵북로 43
전화 02-3142-6770
팩스 02-3142-6772
홈페이지 www.uriedu.co.kr
인쇄 천일문화사

ISBN 978-89-8040-949-5 43300

*이 책의 내용을 쓰고자 할 때는 저작권자와 출판사의 허락을 받아야 합니다.
*잘못된 책은 바꾸어 드립니다.
*책값은 뒤표지에 있습니다.

이 도서의 국립중앙도서관 출판시도서목록(CIP)는
e-CIP홈페이지(http://www.nl.go.kr/ecip)에서 이용하실 수 있습니다.
(CIP 제어번호:CIP2013005083)

10대가 말하는 유쾌한 정치

책상 위로 올라간 정치

파트리스 파바로 · 필리프 고다르 지음
김혜영 옮김 | 조선진 그림

우리교육

ㅣ8세,
투표권이 있는 나이 혹은 자신의 주장을 펼칠 나이?

'청소년들은 정치에 관심이 없어!'

어른 대부분이 주장하는 바이다. 하지만 우리는 절대로 그렇게 생각하지 않는다! 우리는 시라크 대통령 시절에 일어난, 최초로 고용계약에 반대한 시위나 사르코지 대통령 시절에 초등학교부터 대학교까지 전반적으로 시행된 학교 개혁을 반대하고 일어난 시위들-그다지 오래된 일들이 아니다.-을 기억하고 있기 때문이다.

오히려 여러분이 정치에 관심을 가지는 방법이 부모님 세대가 해 오던 방법과 동일하지 않다는 것을 증명해 보이자. 여러분은 종종 정치가 일상생활 속에 복병처럼 숨어 있다는 것을 알지 못한다. 예를 들면 학교 식당에서 식사를 하거나, 외국인 친구를 집에 초대하는 것, 나아가 누군가를 사랑하는 것과 같은 훨씬 더 개인적인 선택 이면에도 숨어 있을 수 있다. 혹은 여러분이 이미 알고 있더라도, 정치적 결정이 실제

생활에 미치는 중요성을 분간해 내는 것이 절대 쉽지 않을 수도 있다. 불평등이나 폭력에 직면해 있지 않다면, 결국 그저 좋다고만 여겨지는 방향으로 행동하게 될지도 모를 일이다. 하지만 유럽연합과 같은 자유국가들 그리고 프랑스에서도 현실은 그렇게 단순하지만은 않다.

이 책 1부에서는 얼마쯤은 진부한 질문들을 제기하기 위해서 단편소설 형식을 빌려 일상생활 속 다양한 상황들을 회상해 보게 된다. 예를 들어 '내가 원하는 곳이라면 어디든 갈 수 있는가? 내가 원하는 사람은 누구나 사랑할 수 있는가?'와 같은 질문들이다. 이 단편소설들에는 여러분 스스로 의견을 잘 정리할 수 있도록 도와줄 자료와 견해 들이 첨부되어 있다. 이로써 우리는 이러한 사실들이 왜 그러한지 어떤 일을 하는 것은 왜 불가능한지 등에 관한 문제를 스스로에게 물어보게 될 것이다. 대답은 다양할 수 있지만, 자유를 보장하면서도 제약과 제한을 두면서 사건들을 평가하는 것이 바로 정치적 결정이라는 것을 증명하게 된다. 특히, 법을 통해 제안되는 원칙들 중 여기서 설명하고 있는 것들은 오늘날 여러분에게 개인적이고 일상적인 생활을 위한 정치적 쟁점들을 더욱 잘 이해하고, 그 가운데 여러분을 재발견할 수 있도록 도와주게 될 것이다. 법을 만들고 법을 투표로 승인하는 것도 바로 여자와 남자라는 것을 잊지 말자.

2부는 민주주의, '대중' 정치, 인도주의 등과 같은 문제들에 고민하면서 다시 한 번 견해들을 확대하는 데 목적이 있다. 마지막으로 아주 정치적인 몇 가지 논쟁 사례를 살펴보게 될 것이다. 그러나 30, 40년 전과 같이 개혁적이거나 혁명적인 이데올로기에 근거한 논쟁이 아닌 흔히 자유 침해와 관련된 논쟁들이다.

　이렇듯 우리는 이 책을 통해 선거 때 단지 '투표 하는 것'만이 아니라 불만족스러울 때나 자유가 위협받고 있다고 느낄 때, 차별에 대항하고 싶을 때면 언제든 '여러분의 주장을 펼치고자' 하는 열망을 심어 줄 수 있었으면 좋겠다. 하지만 이 책은 선거제도에 대해 어떤 평가를 내리는지, 투표권 행사만으로 민주주의 시행에 제재를 가하는 것이 가능한지에 대해서는 관심이 없다. 민주주의 체제는 선거기간이 아니더라도 개인이 목소리를 내는 것을 허용하고 있다. 결론적으로 투표는 헌법이 보장하는 많은 권리 가운데 하나일 뿐이며 다른 권리들 또한 마찬가지로 중요하다. '표현의 자유─우리가 언급하게 될 제한 속에서─'와 '집회의 자유' 또한 민주주의에서 기본적인 권리이다. 그리고 헌법과 정부에서 부여한 권리 이상으로 우리 내면 깊은 곳에서 샘솟는 갈망, 개인적인 윤리, 혹은 생활윤리와 관련된 것들도 있다. 그래서 우리는 종종 이러한 중요한 선택들을 통해 부당하고 파렴치하다고 생각되는 것을 받아들이지 않는다. 이렇게 사회를 움직이게 하고 행동을 변화하게 하기 위한 작업을 이제 시작해야 한다.

이를 위해서는 바로 각 개인이 내는 목소리가 중요하다.

정치 만세!

차례

|일러두기
옮긴이 주는 각주로 표시했다.
각 장 부록에서는 한국 청소년들이 이해하기 쉽도록 프랑스 정세에 한국의 정세를 덧붙여 설명했다.

질문의 시간

세바스티앵-포르 고등학교 1학년 A5반에서는
단조로운 일상생활이 종종 예상하지 못했던
사건들로 인해 깨어지곤 한다.
어떤 사건들은 우스꽝스럽고
또 다른 이야기들은 충격적이며
때때로 심각하기도 하다.
티나, 시몽, 엠마, 세드리크,
라시드, 모르간, 캐니, 기리자, 먼지는
각 상황에 대해 많은 질문을 한다.
하지만 만족스러운 답변을 찾는 것이
항상 쉬운 것은 아니다.

1장

내가 좋아하고 싶은 사람을
좋아해도 될까?

'사랑하다'라는 동사는
다양한 방식으로 빚어지는 사랑을 표현할 수 있다.
이성 간의 사랑, 동성 간의 사랑,
문화를 넘어선 사랑, 종교를 넘어선 사랑.
인간 사회는 항상 관습, 금기, 도덕, 법 등을 통해
사회규범을 만들어 가려는 경향이 있는데,
이때 나이 또한 상당히 중요한 요소로 작용한다.
사랑하는 관계에서 두 사람 중 한 명이라도
18세 미만인 미성년자일 경우,
이는 법적으로 문제가 될 수 있기 때문이다.

마음속에 생긴 멍 자국

2011년 3월 15일 월요일, 20시 30분.

오늘 저녁, 이번만큼은 내 일기장을 끝까지 채울 수 있을 것 같다. 종일 많은 사건으로 가득했기 때문이다.

오늘 아침에 시몽은 지금껏 처음 보는 얼굴로 교문 앞에 서 있었다. 우리는 3년 전부터 줄곧 같은 반이었지만, 오늘은 시몽을 좀처럼 알아볼 수가 없었다. 시퍼렇게 멍이 든 눈과 다터져 버린 입술, 게다가 곳곳에 든 멍까지. 완전히 가짓빛 얼굴이었다!

곧, A5반 아이들이 시몽을 둘러쌌고 질문이 쏟아졌다.

"사고라도 난 거야?"

엠마가 걱정스러운 듯이 물었다.

"너…… 넘어지거나 아님 코르크 마개에 맞았지?"

실뱅이 물었다.

짓궂은 질문도 빠지지 않았다. 항상 분위기 파악을 못 하는 기욤이 하는 질문처럼 말이다.

"문 열다가 손잡이에 한 방 맞았구나?"

시몽은 말문이 막혔는지 가만히 있었다. 나는 다른 친구들이 조용해질 때까지 기다렸다. 마침내 아이들이 시몽을 가만히 내버려 두자, 나는 돌리지 않고 직접적으로 물었다.

"누가 그랬니? 이유가 뭔데?"

시몽이 나에게 대답했다.

"상관 마, 티나. 별로 심각한 것 아니야. 자, 시간이 됐다. 서둘러서 들어가자. 주번들이 교문을 닫기 시작하잖아."

수업은 다른 날보다 좋지도 나쁘지도 않게 끝이 났다. 시끄러웠고 조용하기도 했고 짜증도 났고 좋기도 했던 시간들이 계속되었다. 짜증이 났던 시간은 항상 하얀색 실험복을 입고 오는 라팽쉬 선생님의 물리화학 시간이고, 좋았던 시간은 예술 활동 시간 중 선택 과목으로 듣는 연극 시간이었다. 오늘은 라시드와 민지와 함께 걸작 연극을 재현했다. '스카팽의 간계'라는 유명한 연극이었는데, 스카팽이 노인 제롱트를 자기 주머니 속으로 들어가게 한 다음 그 기회를 노려 주머니를 때리는 장면이었다. 민지가 스카팽 역할을 맡았다. 자기 역할을 완벽하게 이해하고 있던 민지는 제롱트의 역할을 맡아 주머니 속에 들어가 있었던 라시드 머리를 정확하게 가격했다. 마치 박스 속에서 튀어나와 놀라게 하는 피에로 인형처럼, 라시드는 주머니 속에서 소리를 지르며 튀어 올랐다. 그 모습이 어찌나 우스꽝스러웠던지, 아이들은 물론이고 연극 지도교사인 아리안느 선생님까지 눈물이 날 정도로 웃었으니까!

수업 시간에 나는 곁눈질로 시몽을 보았다. 시몽은 간혹 찌푸려지는 얼굴을 감추지 못했다. 시몽이 아파하면서도 신음을 내지 않는다는 것을 알 수 있었다. 시몽은 그런 아이였다.

늘 그렇듯이, 학교가 끝나자 한 무리를 이룬 아이들이 골목 끝까지 메우면서 빠져나갔다. 이제 시몽과 나 말고는 아무도 없었다. 다른 아이들은 다음 날에 있을 수학 시험을 위해 몇 가지 정보를 교환하러 잘 알려진 '산책로 카페'로 몰려갔다.

우리는 함께 그루세 길에 들어섰다. 시몽의 집과 우리 집은 같은 방향에 있었다. 잠시 시간이 흐르고, 결국 시몽이 입을 열었다.

"장-부잉 경기장 뒤쪽에 있는 골목에서 그랬어. 보통은 학교가 끝나면 나는 절대 그곳으로 가지 않아. 그런데 에리크가 학교 앞에서 나를 기다리고 있었고, 나에게 무언가 급히 할 말이 있어 보였어. 그래서 나는 그쪽으로 가면 우리가 좀 더 조용하게 이야기할 수 있겠다고 생각했지. 그런데 내가 잘못 생각한 거야. 우리는 그 아이들을 금방 알아채지 못했어. 우리를 호모라고 놀리는 소리를 들을 때 비로소 그들의 존재를 깨달았지. 우리들 또래거나 조금 더 나이가 많아 보이는 아이

네 명이 벤치에 앉아 있었어. 예전에 학교 앞에서 그 아이들
과 세드리크가 같이 이야기하고 있는 걸 본 적이 있어.”

나는 깜짝 놀랐다.
“그 아이들이 너희가 호모라는 걸 어떻게 알았어? 설마 세
드리크라고 생각하는 거야? 그 파시스트가 너희에 관해 알고
있어?”
“아니, 절대 아니야. 솔직히 말하면 내 팔이 에리크 등에 가
있었어.”
“등에?”
“응, 나는 팔짱을 끼는 것보다는 허리를 안는 걸 좋아하거
든……. 그곳에 우리밖에 없는 줄 알았어. 아무도 우리를 안
보는 줄 알았지.”
나는 미소를 지으며 시몽에게 물었다.
“그래서?”
“나는 조용히 도망치려고 했어. 그런데 에리크는 아니었어.
만약 우리가 그냥 가 버리면, 언젠가 이런 미친 녀석들이 나
치 시대처럼 우리에게 분홍 삼각형을 붙일 거라고 고집을 피
웠어. 그러더니 그 녀석들에게 곧장 달려드는 거야. 그 녀석
들 중 한 명도 뛰어나와 맞붙으면서 다시 우리에게 모욕적인
말을 했어. 에리크가 먼저 그 녀석 얼굴에 주먹을 한 방 날렸

어. 그러자 나머지 세 명도 뛰어나와 에리크를 덮쳤어. 나도 어쩔 수 없이 에리크를 도와 싸우긴 했는데 난 몸집이 작으니까 어떻게 해야 할지 불안해지기 시작했어. 다행히도 연세가 좀 있어 보이는 남자와 여자 몇몇 분이 무리 지어 조깅을 하다가 우리를 보셨어. 아마도 퇴직자 모임이었던 것 같아. 그래서 우리를 공격하던 녀석들은 아무런 말도 못 하고 도망쳐 버렸지. 증인이 너무 많았던 거야. 한 여자분이 우리에게 괜찮은지 물으셨어. 그리고 그 아이들이 우리에게 어떻게 했는지 다 알게 되고 나서는 동성애자들에 대한 공격은 법을 위반하는 것이니 소송을 하라고 말씀하시더라고. 그분 말씀이 맞긴 한데…… 너도 내가 동네 경찰서에 가서 '사람들이 저를 호모 취급해요. 그래서 저도 한 대 때렸지요.'라고 하는 게 옳다고 생각하니?"

나는 분명하게 말했다.

"응, 상상하기는 좀 힘들지만, 아마도 그렇게 해야 할 것 같은데."

"에리크는 성년이지만 나는 아직 열일곱 살도 안 됐잖아. 경찰서에서 복잡한 일이 생길까 봐 두려웠어. 그래서 그냥 덮어 두는 게 낫다고 생각했지. 에리크도 동의해 줬고. 우리는 에리크의 어머니 마도 집으로 갔고, 어머니가 우리를 돌봐 주셨어."

"네 부모님께는 뭐라고 했니?"

"신화를 하나 만들었지. 어쨌든 우리 부모님은 자기들 삶을 방해받지만 않으면 무엇이든 믿을 준비가 되어 있는 분들이시니까."

나는 시몽을 집 앞에까지 데려다 주었다. 시몽이 사는 곳은 깨끗한 교외에 있는 작은 빌라로 손수건만 한 작은 정원이 있었는데, 잔디 가운데에 있는 가짜 우물을 깨끗하게 정리된 수풀이 둘러싸고 있었다.

나는 집에 돌아가기 전에 제롬 아저씨를 보러 잠시 서점에 들렀다 가기로 했다. 제롬 아저씨는 동네에 있는 작은 서점을 경영하고 있다. 우리 할머니, 할아버지와는 오랜 친구로 젊은 시절에 함께 혁명을 일으키고 싶어 하셨던 것 같다. 나를 괴롭히는 질문들이 있거나 또 엄마에게는 하기 쉽지 않은 질문이 생기면, 나는 종종 아주 어렸을 때부터 알았던 제롬 아저씨에게로 갔다.

게다가 서점은 늘 텅 비어 있었다. 갈 때마다 손님이 한 명도 보이지 않은 걸로 봐서 사업은 그다지 잘되지 않는 것 같았다. 적어도 DVD나 비디오게임이라도 팔면 좋을 텐데…….
제롬 아저씨는 그런 말은 아예 꺼내지도 못하게 하신다. 자신은 사람들의 뇌를 지워 버리는 그런 것들은 절대 팔지 않을 거라고 고집을 피우셨다.

　나는 서점 유리문을 밀고 들어가자마자, 아저씨가 미처 답변을 준비할 시간이 없도록 갑자기 질문을 했다.

　"저는 제가 좋아하고 싶은 사람을 좋아해도 되는 나라에서 살고 있나요?"

　아저씨는 대답하기 전에 덥수룩한 눈썹을 치켜세우더니 은빛 머리털을 잠시 긁적거리면서 마치 오늘 나를 처음 보는 것처럼 머리부터 발끝까지 살펴보셨다.

　"티나가 많이 컸구나. 내가 이제까지 정말 모르고 있었군."

　"시간 벌지 마시고, 대답해 주세요. 제가 원하는 사람을 사랑해도 되나요?"

　"항상 그런 것은 아니야, 티나."

　"무슨 말씀이세요? 그렇다는 거예요, 아니라는 거예요?"

　"네가 원하는 사람을 사랑하는 것은 맞지만 항상 그 사랑을 드러내 놓고 알릴 수는 없단다. 난관이 있을 수 있지. 가족, 모임, 지역사회, 종교 같은 아주 심각한 난관들 말이다. 인종과 관련된 난관도 있어. 우리가 백인이니 우리 아이들은 구릿빛 피부가 아니기를 바라지. 또는 이슬람교도이기 때문에 딸을 위해서도 이슬람교도만 찾기도 하고. 유대인들은 이교도들과 결혼하지 않거든. 또 돈이 많은 사람들은 빈털터리를 집에 들이고 싶어 하지 않지."

나는 덧붙여 말했다.

"그럼요. 우리는 이성애자이지, 동성애자들은 아니지요!"

제롬 아저씨는 웃음을 터뜨렸다.

"그래, 네 말이 맞다, 티나. 그것은 아주 고약한 장애물이지. 하지만 특히 네 나이와 관련한 문제들도 있단다. 이 장애물을 만든 것은 바로 법이란다."

"법이 사랑과 무슨 관계가 있는데요?"

제롬 아저씨는 잠시 말이 없었다. 제롬 아저씨가 이처럼 생각에 빠지셨을 때는 머릿속에 있는 자료 보관함을 뒤지고 있는 것이다.

"이상적으로 법은 시민을 보호하기 위해 만들어졌어. 하지만 실제로는 종종 심각한 결함이 있기도 하단다. 한 40년 전인 것 같은데, 내가 아주 분명하게 기억하는 한 사건이 있었단다. 마르세유에서 일어난 '가브리엘 루시에'라고 부르는 사건이지.

가브리엘 루시에는 프랑스어를 가르치는 젊은 선생 이름이란다. 그녀는 남편과 이혼을 하고 혼자서 두 아이를 키우며 살고 있었어. 1968년 5월 혁명[1]이 일어났을 때, 꿈과 이상이

---

1 파리의 대학생들과 노동자들이 주도하여 당시 드골 정부의 교육정책 및 사회 전반에 항의하여 벌인 사회 개혁 운동이다. 이것이 프랑스 교육, 사회, 자본주의사회에서 일어나는 인간 소외 등을 문제시하면서, 새로운 시각으로 사회를 바라볼 수 있는 계기가 되었다.

격동하는 그 시기에 가브리엘은 자신이 근무하던 고등학교 1학년 학생과 미친 듯이 사랑에 빠졌지. 하지만 학생은 미성년자였고, 부모들은 더 이상 가브리엘을 만나지 말라고 했어. 학생은 이를 거부하고 가브리엘과 함께 살기 위해 집을 나가 버렸지. 그러자 부모들은 미성년자 유괴로 가브리엘을 고소했어. 가브리엘은 8주 동안 수감되었다가, 결국 1969년 7월에 징역 1년의 집행유예를 선고받았어. 검사는 더 중한 처벌을 위해 상소했고 스캔들을 다루는 여론과 교육부에 의해서도 가브리엘은 끊임없이 괴롭힘을 당했어. 극도로 상심한 가브리엘은 여름 내내 집에서 휴식을 취했지. 드디어 집에서 나오게 되었을 때, 가브리엘은 그 길로 마르세유에 가서는 자살을 했단다. 이 사랑 이야기는 '사랑에 죽다mourir d'aimer'라는 영화로도 만들어졌어. 그 영화음악이 아직도 가끔 내 머릿속을 맴도는구나."

제롬 아저씨는 눈을 푹 내리뜨더니, 갑자기 생각에 빠지셨다. 아마도 기억 속에서 이 영화 장면들을 다시 돌리고 계시거나 영화음악의 노랫말을 떠올리시는 것 같았다. 아니면 이것이 다른 추억들을 생각나게 하는 걸지도 모르겠다. 이럴 때는 제롬 아저씨가 몽상에 잠기도록 내버려 두는 편이 나았다. 조용히 서점 문을 나서며 문을 닫으려고 하는데, 제롬 아저씨가 나를 부르셨다. 그리고 꽤 오래되어 낡아 보이는 책을 나에게 내미셨다.

"이 책을 가지고 가렴. 이 '베로나의 유명한 연인' 이후에는 새로운 것은 하나도 없더라. 항상 늘 알고 있는 이야기들이 반복될 뿐이지. 인간들은 종종 어쩔 수 없는 비통한 존재란다."

나는 책을 받아 들고 미소를 지었다. 윌리엄 셰익스피어가 쓴 《로미오와 줄리엣》이었다. 나는 집으로 향하면서 책을 아무 데나 펼쳐 보았다. 책 뒤쪽에 로미오와 줄리엣이 몇 시간 차이를 두고 죽어 묻힌 무덤 앞에서 두 가족이 만나는 장면이었다. 나는 그중 한 구절을 극적인 톤을 가능한 살려 큰 목소리로 읽었다.

"무자비한 적들은 어디에 있는가. 캐플렛? 몬태규? 하늘이 어떤 재앙으로 당신들이 서로에게 품은 증오에 벌을 내렸는지 보아라. 하늘이 사랑을 이용하였구나!"

내 앞에 가고 있던 사람들은 내가 낭독하는 소리를 들으며 미친 여자라고 생각했을 것이다. 별로 중요하지 않다. 나는 이 연극에 대해서 아리안느 선생님께 말할 참이다. 아마도 이 연극을 연극 시간에 함께 해 보는 것에 동의하실지도 모른다. 그리고 이 연극은 우리 반 몇몇 아이에게 사랑에 대해 생각할 수 있는 기회를 줄 수도 있을 것 같다. 머릿속에 철조망을 치고서 서로 사랑하는 연인들을 그 안에 끼워 넣으려는 아이들 말이다.

밤이 되려나 보다. 하늘이 붉게 물들었다. 정말 낭만적이었다. 나는 집으로 돌아가기 위해 다시 걷기 시작했다. 그 누구도 사랑 때문에 죽는 일이 절대로 일어나지 않는 세상을 꿈꾸면서 더 가벼운 걸음으로 나아갔다.

티나의 숨은 배경지식 찾기

법에 의해 처벌받는 동성애 혐오자들

(프랑스) 형법은 특히 성적 지향을 이유로 개인이나 법인을 구분하는 것 등을 차별로 규정하고 있어. 이 조항은 다양한 차별적 행동들을 포함하고 있는데 즉 재화나 용역을 제공하기를 거부하는 것, 정상적인 경제활동을 방해하는 것, 재화나 용역의 공급 및 기업 내 고용이나 연수나 훈련을 성적 지향에 따라 좌우하는 것, 고용 거부, 개인에게 제재를 가하거나 해고하는 것, 개인을 연수 활동에 참여시키는 데 거부하는 것 등이 있어. 게다가 언어적, 문자적, 육체적 폭력이 있었다면, 법은 이를 동성애 혐오증에 대한 가중 사유로 규정하고 있어. 이 경우 징역 및 상당한 벌금형을 받을 수 있지.

이외에도 성적 성향에 관하여 차별, 증오, 폭력을 가져오는 공개적인 모욕도 마찬가지로 법에 의해 처벌받아. 인터넷 홈페이지 www.sos-homophobie.org에서 필요한 정보를 얻을 수 있어.

한국 사회에서는 아직까지 법이 강제성을 갖고 성 소수자 인권을 보호할 수 있는 제도가 없다. 2007년에 인권 관련 차별 금지법을 발의했음에도 여전히 제정되지 않고 있다. 우리나라에서 성 소수자 인권 운동과 관련한 대표적인 곳으로는 '동성애자인권연대www.lgbtpride.or.kr'가 있다.

가브리엘 루시에 사건, 그 후

가브리엘 루시에가 1969년 9월 1일 마르세유에서 자살을 하자, 여론과 언론—특히, 그녀에 대해 반대 감정을 쏟아 냈던 프랑스의 대표적인 그래프저널리즘인 〈이시 파리 Ici Paris〉와 〈파리마치Paris Match〉— 그리고 심지어 정치계도 그녀가 선택한 마지막 행동에 심기가 불편했어. 당시 조르주 퐁피두 대통령은 공개적으로 이 사건에 대해 질문을 받기도 했지.

이후 1971년에 영화감독 앙드레 카야트는 이 사건을 모티브로 여배우 애니 지라르도가 출연한 '사랑에 죽다'라는 영화를 선보였어. 영화 주제곡을 세계적인 샹송 가수 샤를 아즈나부르가 불렀고, 이 영화는 대단한 성공을 거두었어.

이러한 주제는 여전히 많은 영화 속에 존재하고 있어. 주요 작품로는 '하얀 면사포Noce blanche'(장-클로드 브리소 감독, 1989), '롱 아일랜드 익스프레스웨이L.I.E: Long Island

Expressway'(마이클 쿠에스타 감독, 2003), '야생에서의 캠핑Camping sauvage'(크리스토프 알리, 니콜라스 보니라우리 감독, 2006), '더 리더-책 읽어 주는 남자The Reader'(스테판 달드리 감독, 2009), '하얀 리본Le Ruban blanc'(미카엘 하네케, 2009년 칸느 황금종려상 수상작) 등이 있어.

성폭행의 기준?

프랑스는 1832년에 합법적 성관계 승낙 연령이라는 개념을 처음 도입하고 이를 11세로 규정한 법을 최초로 만들었어.

이후 합법적 성관계 승낙 연령은 1863년에 13세, 1945년 7월 2일 자 명령 이후에는 소년, 소녀 모두 15세로 규정했어. 그런데 비록 자유의지로 승낙한 것일지라도 18세 이상 성인과 15세 이하 미성년자 간에 이루어지는 모든 성관계는 금지되어 있어. 나아가 15세 이상 미성년자에게 폭력이나 강압, 위협이나 기습적이지 않게 맺은 성관계라 할지라도, 관련 성인이 합법적 보호자, 즉 자연적이거나 입양으로 이루어진 보호자, 혹은 피해자에게 보호권을 가지고 있는 성인이라면 이는 성폭행으로 규정되지.

그리고 어떠한 경우에라도 교수나 교사 또는 지도자 들은 자신들이 가르치는 18세 이하 청소년과는 아무리 합의가 되었다 할지라도 성관계를 가질 수 없어.

합법적 성관계 승낙 연령

1942년, 페탱[2]은 합법적 성관계 승낙 연령을 이성 간에는 15세, 동성 간에는 21세로 규정하는 법문에 서명했어. 1791년과 프랑스 혁명 이래 법에 의해 성관계 대상이 구분된 것은 처음이었어.

드골 대통령 시절(1958~1969)에는 드골파 국회의원 폴 미르게가 내놓은 개정안에서 동성애를 '사회적 재앙'으로 구분했고 정부에 이를 척결하기 위한 법령을 제정할 권리를 부여했어.

동성애에 대한 사고방식을 변화시키기 위해서는 1981년에 법무 장관 로베르 바댕테르가 그 최초가 될 법안을 제출할 때까지 기다려야 했지. 그리고 이듬해인 1982년에 '비시, 대독 협력 정부'[3] 하에 만들어진 프랑스 형법 331조 2항이 우익 상원의 강한 반대를 무릅쓰고 결국 철폐되었어. 그 법 조항은 '동일한 성을 가진 미성년자에게 인성에

---

2 프랑스 군인이자 정치가로 제2차 세계대전 때 나치에 협력하고 비시 정부를 수립했다.

3 페탱을 수반으로 하는 반동적인 파시스트 독재 정부로, 1940년 6월에 프랑스가 독일에 항복한 후 비시에 세운 친독 정권.

어긋나고 정숙하지 못한 행동을 저지르는 사람'들에 대한 실형을 규정하고 있었어.

성년 나이, 결혼, 동성애

전 세계 거의 모든 국가에서 법정 성년 나이는 18세 이상으로 정해져 있어. 프랑스는 성년 나이를 1974년 7월 5일에 18세로 정했어. 이는 당시 대통령에 선출되었던 발레리 지스카르데스탱이 후보 시절에 내세운 공약 중 하나였는데 대통령이 되고 나서 이를 실천한 것이지. 그 전에는 성년 나이가 21세였거든.

프랑스는 혼인 가능 연령 또한 18세 이상으로 정했어. 1974년 이전에는 마찬가지로 남녀 모두 21세 이상이었어. 그래서 1974년부터 2006년까지는 남자 청소년은 18세에, 여자 청소년은 15세면 혼인이 가능하게 되었어. 파키스탄과 일부 국가에서는 성관계를 목적으로 결혼을 하는 경우도 있었어.

그런데 여전히 수많은 국가에서 동성애는 법적으로 금지되어 있어. 특히, 아프리카 국가들과 이란과 파키스탄 같은 이슬람 국가들에서 심하지. 또 다른 국가에서는 남성 간 동성애만 금지하고 있는데, 바로 말레이시아와 케냐야.

알아 두면 유용한 분류표

법에 저촉되지 않는 경우	○ 만 18세인 에리크와 16세인 시몽이 서로 동의하에 성관계를 가졌다면, 이들은 법을 위반한 것이 아니다. 이 경우는 남녀 관계이거나 여자들만의 관계에서도 동일하다. ○ 만약 에리크가 성인이 아니고, 시몽과 마찬가지로 15세 이상 미성년자일 경우에도 법에 저촉되지 않는다. 합의하에 성관계를 가졌을 경우에도 위법이 아니다.
법에 저촉되는 경우	○ 성인인 에리크는 시몽이 만 15세가 안 되었다면 법적으로 시몽과 성관계를 가질 수 없다. ○ 성인인 에리크가 시몽을 가르치는 선생님일 경우, 시몽이 18세가 되기 전에 성관계를 가지는 것은 불법이다. ○ 에리크는 성인이고, 시몽이 15세 이상 미성년자라고 한다면 성관계를 하고 안 하고는 중요하지 않다. 시몽이 부모님 의견을 무시하고 에리크와 함께 살기 위해 가출을 한 경우, 에리크는 시몽의 부모로부터 미성년자 유괴로 고발되어 형을 선고받을 수 있다.

tip 분홍 삼각형 Rosa Winkel

분홍 삼각형은 나치 강제 수용소에서 동성애 남성을 지칭하는 것이었어. 동성애 여성
은 검은 삼각형을 달았고. 이들은 히틀러가 통치하는 동안 '반사회적인' 사람들로 여겨
졌어. 그리고 강제 수용된 동성애자 수십만이 그곳에서 죽어 간 것으로 알려지고 있어.

tip 미성년자 유괴

미성년자 유괴는 부모의 권리 행사를 침해한 것을 고발하기 위해 사용하는 용어야. 여
기에 성인 남녀가 미성년자와 합의하에 행한 성적인 추행은 해당되지 않아. 미성년자
유괴는 폭력이나 사기는 언급하지 않더라도 미성년자를 부모로서 권리가 있는 자 혹은
부모가 권리를 부여한 자 혹은 미성년자가 거주하는 곳을 보호할 책임이 있는 자에게
서 빼앗아 간 사건을 의미하지. 따라서 성인과 해당 미성년자 사이에 이루어진 성관계
가 문제되지 않더라도 미성년자 유괴는 성립될 수 있다는 거야.

28

2장
우리는 모든 형태로 이루어지는 감시에
순응해야 할까?

생체 인증(바이오메트리), 비디오카메라에 의한 감시,
정보화된 개인 신상 명세 기록 등,
공권력은 거의 모든 시민에 대해 아주 어렸을 때부터
감시를 통해 많은 관련 정보를 기록하려고 작정한 것 같다.
그것으로 우리에게 편리한 삶을 제공했던 것처럼
앞으로 이 모든 수집된 정보를 통해
또 무슨 일이 일어날까?
이 정보들이 우리의 인격, 행동, 몸짓 더 나아가
생각까지도 완벽히 통제하는 데
사용되지는 않을 것이라고 확신할 수 있을까?

라시드 이야기

나를 도와줘!

엠마, 어젯밤 모임에 대한 보고서를 함께 보내. 그곳에서 언급되었던 모든 것을 적으려고 정말 애썼어. 정말 노력했다고. 나 믿을 수 있지? 네가 아파서 나도 정말 마음이 아파. 참, 좀 나아졌니? 그 모임에 우리 둘이 함께 있었다면, 우리가 좀 더 힘을 가질 수 있었을 텐데 말이야. 나를 빼고는 우리 학교에서 그 어떤 학생도 움직이지 않더라고. 매번 마찬가지지만, 모두들 비판할 때는 폼들을 잡으면서도 정작 책임을 져야 하는 일에는 아무도 나서지 않잖아. 결국 나는 1학년 A5반 대표로서 그래도 면목은 세웠다고 생각해. 하지만 얼마나 치열했는지는 보고서를 읽어 보면 알게 될 거야.

회의실에 들어가자마자 나는 그들이 누구인지 알 수 있었다. 교장 선생님, 재정 담당자, 장학사 그리고 지방의회 관계자인 한 여자분이었다.(아, 정말 미안한데 누군지 못 들었네!)

그들은 모두 회의실을 둘로 나누고 있는 긴 탁자 뒤쪽에 앉아 있었다. 이들 정면으로는 학부모와 학생 그리고 관람객들을 위한 의자들이 줄을 지어 놓여 있었다. 나는 학교에서 학부모에게 보냈던 편지가 생각났다.

학교 식당에 생체 인증 기계 도입 계획. 오는 4월 2일 19시, 학부모와 행정가들이 토론하는 자리에 초대합니다.

소개가 끝나자 뒤샤텔 교장 선생님은 늘 그래 왔듯이 자신이 가진 특기를 선보였다. 그는 홀로 회의실 전체를 마비시킬 수 있는 능력을 가졌다.(아마 다시 태어난다면 뱀을 부리는 사람으로 태어날지도 모를 일이야.) 그 능력이란 게 모든 사람이 졸게 되는 순간 자신이 원하는 결정을 내려 버리는 것이다. 나는 이미 그가 가진 특출한 기술을 알고 있었기 때문에 대비를 할 수 있었다. 그곳에 참석했던 학부모 스무 명쯤 가운데, 그가 청중을 일부러 잠들게 했다는 사실에 한 명 정도만 제외하고는 모두 동의할 것이다.(자, 이제 좀 빨리 이야기를 진행할 건데 너는 금방 이해할 수 있을 거야.)

다시 처음으로 돌아가면 학부모들은 특히 어머니들이 많았는데, 모두 그런 것은 아니었다. 아버지 두세 명과 함께 온 부부 한 쌍도 있었다. 교사 측에는 담당 교사인 크리스티앙 선생님을 제외하고는 아무도 없었다. 뒤샤텔 교장 선생님이 연설한 내용은 말하자면 이런 식이다.

"학생들이 학교 식당을 이용하는 여부를 관리하는 것이 점점 더 어려워진다…… 어쩌고저쩌고…… 그래서 손 모양을 인식하는 기능이 있는 생체 인증 기계를 이용한다면 관리는 더욱 빨라질 수 있을 것이다…… 어쩌고저쩌고…… 또한 학생들은 아주 빈번하게 발생하는 식권 분실도 염려하지 않아도 되며…… 이 인증 기계는 이후 다른 기계와 호환하여 사용하는 것도 가능하다. 예를 들면 고등학교 입구에 지각 탐지기를 설치한다든가…… 어쩌고저쩌고……."

한 어머니가 나섰다.

"저는 이 계획에 대해 상당히 긍정적입니다. 시대에 맞추어 살아야죠."

또 다른 분이(모습이 아주 우아하고 멋진 분이셨어.) 말을 가로챘다.

"네, 하지만 비용 부담이 얼마나 되는지 알고 싶군요."

뒤샤텔 교장 선생님은 재정 담당자인 루셀 부인 쪽으로 몸을 돌렸다. 부인은 대답을 하기 전 자기 앞에 엄청나게 쌓여 있는 서류들을 뒤적거렸다.

"광학 해독 장치가 3천 유로입니다."

지방의회 대표가(미안한데 성함이 기억나지 않아서 그냥 지방의회 대표라고 부를게.) 부드럽고 침착한 목소리로 말을 했다.

"죄송합니다만, 해독 장치를 가동하는 소프트웨어, 시스템 설치, 기타 부대비 그리고 처음 몇 달간 시범 사용하는 비용과 이후 보수비 등을 고려하면 비용은 1만 5천 유로 이상으로 급등할 수밖에 없겠네요. 이 점에 대해 분명히 말씀드리고 싶은 것은 지방의회에서는 어떠한 경우에도 이 같은 비용 지출을 지원할 수 없다는 것입니다. 여러분은 요즘 경기(지방의회 대표가 아주 심각하게 사용한 말이야.)를 전혀 생각하지 않으시는군요. 결론을 말씀드리면, 추가 자금은 여러분이 직접 마련하셔야 할 것 같습니다."

이는 찬물을 끼얹는 말이었다. 지방의회 대표는 다시 말을 이어 갔다.

"하지만 그다지 큰 문제가 되지 않을 수도 있겠네요. 현재 이 고등학교는 학교 급식 관련 재정이 이 모든 비용을 처리할 수 있을 정도로 충분한 것으로 알고 있습니다."

'급식 관련 재정이 남아 있다고?' 수군거리는 소리들이 참석자들 사이에서 흘러나왔다. 참석한 학부모들이 어떤 생각을 하고 있는지를 예측하는 것은 그리 어렵지 않은 일이었다. (우리가 급식비 명세서를 받을 때마다, 아버지는 이 가격이면 매 식사마다 캐비아를 먹어도 되겠다고 말씀하셨거든.)

교장 선생님은 화가 난 눈빛으로 지방의회 대표를 째려봤다. 분명 이 사람을 초대한 것을 몹시 후회했을 거다. 사람들 사이에 돈 이야기가 나오게 되면, 문제가 잘 풀리지 않게 되는 경우가 많다. 교장 선생님은 이제까지 아무 말도 하지 않고 있던 장학사 대표에게 신호를 보냈다. 신호를 받은 장학사 대표 메르맹 씨가 말을 이었다.

"제 생각에는 이 부분에 대한 이야기는 이후로 미루고, 핵심으로 돌아가야 할 것 같습니다. 문제는……."

그는 정말로 무언가 문제가 있는 듯 당황하면서(그는 퇴직한 럭비 선수 손처럼 두툼한 손가락 사이로 불쌍한 볼펜만 고문하더라고.) 잠시 머뭇거렸다.

메르맹 씨는 뒤샤텔 교장 선생님이 초조해하는 것을 보더니, 계속 말을 이어 갔다.

"이 생체 인증 기계 도입 계획에서 핵심은 바로 안전 문제입니다."

혼자 참석한 아버지들 중 한 분이 딱딱한 어투로 받아쳤다.

"네, 맞습니다. 안전 문제요! 아무나 학교 급식실에 들어와서 식사를 하는 일은 없어야 하기 때문이죠. 또한 급식비를 내지 않은 사람도 들어올 수 없게 해야 합니다. 우리가 낸 비용으로 공짜로 먹일 수는 없지 않습니까?"

학부모석에서 반박하는 목소리가 들리기 시작했다. 다행히도 이 문제에 대해서는 의견이 만장일치되지 않았다.(내가 맹세하는데, 그 남자는 대형 슈퍼마켓이나 감옥소에서 일하는 야간 경비원일 거야. 어떤 스타일인지 알겠지?) 크리스티앙 선생님은 그 남자를 매섭게 쏘아보았다.(당장 그 남자를 끌고 나가서 두 시간 동안 벌을 세우고 싶은 맘이 보일 정도였어.) 한편 장학사는 눈을 들어 하늘만 보고 있고(이 장학사가 계속 일을 하려면 분명 비싼 대가를 좀 치러야 할 것 같아.) 뒤샤텔 교장 선생님은 논점에서 벗어나서 다른 문제 때문에 일이 잘못되는 것을 막기 위해 수습을 하려고 했다.

"아, 여기서 안전이라는 것은 학생들이 학교 식당을 안전하게 이용하는 것을 말합니다. 이 생체 인증 기계는 학생들이 급식실에 잘 있는지를 관리하는 것으로 학교 입장에서는 학부모에 대한 일종의 의무 사항이라고 할 수 있습니다."

"그러면 저희 아이들에게서 지문을 모두 수집해야 한다는 건가요? 그럼 시간과 돈을 모두 벌 수 있겠군요. 그럼 당장 다음 단계로 진행하세요. 그리고 모든 학생에게 수감자처럼 전자 팔찌를 채우시라고요! 아이들에게 경고를 주려면, 전자 팔찌를 방전시켜 버리면 되겠네!"

생체 인증 기계를 강하게 공격한 여자는(일종의 중화학 무기로 본 거지.) 나랑 같은 줄에 앉아 있었다. 학부모라고 하기에는 좀 젊어 보였는데 옷차림을 봐도 저녁 모임 복장이라기보다는 트레킹을 가는 복장이었다.

교장 선생님은 탄도미사일 공격에 즉시 방어막을 폈다.

"아니요, 그렇지 않습니다. 기계는 단지 손 모양만 기억하고 있을 뿐, 지문은 수집하지 않습니다. 그 부분에 대해서는 안심하셔도 되는데요. 누구…… 어머니신지?"

교장 선생님은 우리가 복도에서 시끄럽게 할 때 사용하는 방법으로 그분에게 압력을 주었다.

"자, 성함이 어떻게 되시지요? 음…… 아가씨이신 것 같기도 하고?"

그 학부모는 전혀 당황하지 않고 자신이 누구인지 밝혔다.(너는 전혀 상상도 못 할걸. 바로 티나 엄마셨어!) 그리고 자신을 교육기관 내 생체 인증 방식 도입을 적극 반대하는 학부모 연합 대변인이라고 소개하며 말을 이어 갔다.

"저는 이 문제에 대해 상당히 깊이 있게 공부를 했습니다. 제가 말씀드리고 싶은 것은 우선 첫째, 이 설비에 있는 해독 장치가 작동하려면 적어도 인간이 분별하는 시간만큼이나 많은 시간을 필요로 한다는 것입니다. 둘째, 오작동이 발생할 비율도 카드나 티켓을 이용할 때만큼이나 높습니다. 셋째, 불가피하게 기계가 고장이 났을 경우는 인력을 동원해야 하는 경우도 있다는 것입니다. 마지막으로 이 장치가 멋지게 임무를 수행한다고 할지라도 더 심각한 문제가 생길 수 있습니다. 다시 말해 덩치가 커다란 학생들이 동시에 급식실을 이용하게 된다는 것인데, 모두 한꺼번에 앉을 자리도 모자랄 테고 엄청난 혼잡이 일어날 것입니다."

"전적으로 동의합니다."

크리스티앙 선생님이 외쳤다.

"현재도 이미 충분히 복잡합니다. 만약 아이들이 급식실에 입장하는 속도가 더 빨라진다면, 식사 후 나가는 속도도 동일해야 합니다. 학생들이 급하게 밥을 먹어야 하는 것도 분명 생각을 하셨겠지요?"

"하지만 그것도 가장 심각한 문제는 아니지요."

티나 어머니가 다시 말씀을 이어 갔다.

"그 뒤에 숨겨진 것은 학생들을 어려서부터 자료화 하고자 하는 초대형 데이터를 구축하려는 목적이지요. 생체 인증 방식은…… 인간으로 살기 위해서는 우리 아이들의 손, 눈의 동공, 얼굴 형태까지 바코드화 한다는 것이지요! 우리가 반대하는 이유는 바로 이 점입니다!"

"게다가 이것은 반교육적입니다."

다시 크리스티앙 선생님이 날카로운 목소리로 외쳤다.

"이 기계는 청소년들에게 책임감을 잃게 합니다. 이후로는 학생으로서 가져야 할 정체성은 더 이상 자기 이름이 아니라 자기 신체 중 일부가 가지게 될 겁니다. 정말 끔찍한 일이지요.(난 그렇게까지 생각하지는 않았는데, 이 선생님은 정말 제대로 반발하시더라고.) 그렇습니다. 절대로 허락해서도 넘어가서도 안 됩니다!"

나는 일어나서 박수갈채라도 보내고 싶었지만 그다지 좋은 생각은 아닌 것 같았다.

교장 선생님은 얼굴이 빨간 체리같이 변해서는 셔츠 단추를 풀었다. 다시 자신이 원하는 주제로 전환시키려고 애를 쓰는 것 같았다.

"네, 잘 들었습니다. 하지만 안전이라는 것은……."

"그러니까 급식비를 내지 않는 사람들에 대해서는……."

아까 경비 업무에 편집증을 가진 그분이 교장 선생님의 말을 가로채며 다시 말을 시작하려 했다.

나는 맘을 다잡고 용기를 내서 그분이 더는 말을 이어 가지 못하게 하기 위해 대화에 뛰어들었다.

"저기, 제가 질문을 해도 되겠습니까?"

마치 내가 천장에서 갑자기 떨어지기라도 한 듯 모든 시선이 나에게 집중되었다.

"네, 제가 알고 싶은 것은요. 이 계획은 학생들이 편리한 생활을 하게 하기 위한 것 외에 다른 목적이 있는 것은 아닌 것 같습니다. 그렇지 않나요?"

이마에서 땀방울이 떨어지는 것을 느낄 수 있었다. 교장 선생님이 생체 인증 기계보다 더 날카로운 시선으로 나를 관통

하고 있는 것 같았다.(나는 용기를 갖기 위해 연극 시간에 아리안느 선생님이 해 주신 조언을 떠올렸어. '네가 뱉는 숨을 통제해라. 그러면 평정을 갖게 된다.')

나는 계속 말을 했다.

"그러면 학생들에게 의견을 듣는 것도 불필요할 것 같지는 않습니다. 저는 대다수 학생들을 대변하여 이 모임에 참석했습니다.(내가 하는 말에 힘을 싣기 위해서 조금, 아니 아주 많이 거짓말을 해야 했어.) 우리는 이 기계를 받아들일 수 없다고 생각합니다. 왜냐하면 위생적이지 않기 때문입니다."

(엠마, 내가 네가 말한 충격적인 논거를 제시한 거 봤지?)

"위생적이지 않다고?"

교장 선생님은 목이 멘 소리로 말했다.

"제가 제대로 이해했다면, 우리 모두는 급식실에 들어갈 때마다 알아서 손을 기계 유리 부분에 갖다 대야 합니다. 다시 말해 식사 바로 전, 손이 입 근처로 가기 바로 전에 말이죠. 친구들 중 대부분이 급식실에 오기 전에 손을 씻지 않습니다. 물론 시간이 많지도 않고 줄을 서면서까지 능장을 부리기 싫기 때문이지요. 따라서 기계 유리 부분은 금방 세균이 자라나는 온상이 될 것이고 세균 배양액을 키울 수 있는 장소로 최적이 될 것입니다! 생명과학 선생님께서 가르쳐 주신 바에 따르면 이는 확실히 전염이 될 것이고요."

"이 학생 말이 맞습니다."

유일하게 부부가 함께 참석한 학부모 중 한 명이 외쳤다.

"급식실에서 전염병이 생기게 되면 정말 많은 희생자가 생길 것입니다!"

모든 사람이 동시에 말을 하고자 했다. 이제 더 이상 서로가 하는 말을 들으려 하지 않았고, 완전히 난투극을 보는 것 같았다. 메르맹 씨는 아무 말 못 하면서도 안심한 표정이었다. 우리가 서로 눈이 마주쳤을 때 그 장학관은 분명 내게 윙크를 했지만 그렇다고 맹세할 정도는 아니다.

시간이 좀 지나자 지방의회 대표가(이 난장판 때문에 두통이 왔나 보더라고.) 일어나며 말했다.

"죄송합니다만, 다른 모임이 있어서 이만 일어나겠습니다. 교장 선생님, 이 계획은 좀 더 많은 조사가 필요할 것 같네요. 나중에 연락 주세요. 고맙습니다. 안녕히 계세요."

이런 전략적 후퇴 앞에서 교장 선생님은 일이 순조롭지 않을 것임을 알아챘다. 마치 학생들을 줄 세우려는 듯한 목소리로 소리를 쳤다.

"여러분, 제발 조용히 해 주시기 바랍니다. 제가 모임을 시작할 때 말씀드린 것처럼 여기서는 이 계획에 관한 것만 이야기해 주십시오. 계획에 대한 것은 제가 반복해 말씀드리지만 아무것도 결정된 것이 없습니다. 가장 최선은 우선 시간을 좀 가지고 설비 지원과 관리, 위생 등에 관해서 전문가에게 의견을 구해 보는 일인 것 같습니다.(위생이라는 말을 하면서 내 눈을 똑바로 쳐다보시더라고. 분명히 봤다니까!) 따라서 우리는 다음 개학식 때 다시 만나도록 하겠습니다. 참석해 주신 여러분, 모두 고맙습니다.”

그러고 나서, 교장 선생님과 루셀 부인은 몰래 사라졌고, 대다수 학부모들도 돌아가기 위해 일어섰다. 일부 몇 명만이 장학관과 크리스티앙 선생님과 이야기를 나누고 싶어 했다.

나는 너무 튀어서는 안 되겠다고 생각을 했다. 한동안 내 존재를 잊어버리게 하는 게 나을 것 같았다. 그래서 재빨리 계단을 내려오면서도 터져 나오는 웃음을 주체할 수 없었다. 나 같은 작은 모래 알갱이가 기계 전체를 멈춰 버리게 한 것이다.

학교 현관에 도착했을 때, 내 뒤에서 발소리가 나더니 누군가 크게 외치는 소리를 들었다.

“모두 함께! 모두 함께! 모두 함께!”

바로 티나 어머니였다. 그러고 나서 큰 소리로 웃으셨고(티나는 그런 분이 엄마라니 정말 운이 좋은 애야!) 나도 시위할 때 외치는 목소리로 받아쳤다.

“모두 함께! 워, 워, 워!”

우리는 마치 미친 사람들처럼 웃음을 터뜨리면서 학교를 나섰다.

라시드의 숨은 배경지식 찾기

파일, 파일에 기록된 사람들

출석, 장학금 혹은 각종 시험 결과 등에 관해 이미 존재했던 파일들을 제외하고 2005년 이후 프랑스에 도입된 '초등학생 데이터베이스BE1D:Base élèves premier degré'는 학생들에 관한 아주 어린 시절부터 거의 모든 정보를 가지고 있어. 이를 통해 학생들 개개인에 관한 신상 기록, 책임 보호자, 학력 그리고 과외 활동(탁아소, 방과 후 학습, 이용하는 식당 및 교통수단)까지도 알 수 있지.

그런데 유엔 아동 권리 위원회에서는 '이 데이터베이스가 존재하는 목적과 교육 시스템상에서 효용성이 분명하게 규정되지 않았다.'라는 것에 주목하고 있어.

위원회에서는 이것이 여타 다른 목적, 즉 비행에 대한 탐지, 불안정한 상황에 있는 아주 학생들의 입지 결정 등을 위해 사용될 수도 있다는 사실을 강조하는 것이지. 게다가 다른 행정기관들이 갖고 있는 데이터베이스와 상호 연결하는 것을 제한하거나 금지하는 법적 조치들이 충분하지 않다는 거야. 이 데이터베이스들은 사실 이미 시청과 상호 연결되어 있으며 다른 기관들과 상호 연결될 수 있어 우려되는 상황이야.

'초등학생 데이터베이스'는 2007년에 프랑스 정부에서 마련한 '학생 신상 정보 데이터베이스'로 확장되었어. 이것은 학생들에 관한 거의 모든 정보를 데이터베이스화 하는 데 아주 중요한 단계야.

이제부터 각 개인은 적어도 30년 동안 자신을 따라다니게 될 학생 신원 카드를 국가로부터 지급 받게 되는 거야!

어떤 '노블랑그novlangue'

노블랑그는 영국 소설가 조지 오웰이 쓴 소설, 《1984》에서 권력을 가진 사람들이 현실을 보여 주고 이해하도록 하는 대신에 현실을 감추어 버리기 위해서 사용한 언어를 지칭하는 말이야. 그래서 노블랑그에 따르면, '혜택을 받지 못한 지역'이라는 표현 대신에 '예민한 지역'이라고 하고, '비디오카메라에 의한 감시'라는 표현 대신 '비디오카메라에 의한 보호'라고 하지. 감시는 이처럼 언어 마술에 의해 보호될 수 있을지도 모르지만, 카메라는 결코 아무도 보호해 줄 수 없어. 사실 범법 행위를 한 범인을 체포하는 데 사용할 수는 있겠지. 하지만 범죄행위 자체를 막을 수는 없다는 거야. 그런데 많은 경찰은 비디오카메라에 의한 감시에 대한 신용도가 무척 커서 사람에 대한 신용도는 오히려 감소할 정도라고 말해. 결론은, 범죄와 범법 행위에 대한 '사건 해결 비율(소송 제기 및 사실 확인 대비 경찰에 의해 해결된 사건의 비율)'이 줄어들었다는 것이지 직접적인 사건 발생에 대해서는 답보 상태에 있어.

무수히 많은 카메라

영국 런던 시내 한복판에는 차량 번호판과 특히 운전자 얼굴을 인식하는 카메라들이 설치되어 있었어.[1] 만약 요주 인물이 차량을 운전하거나 걸어서 런던 시내에 들어오게 되면 이 카메라들이 경찰서로 정보를 전송해 주는 거지. 더 나아가 '긴장한' 사람도 경찰서에 용의자로 연락이 가는데, 이는 얼굴 근육이 긴장하는 정도를 측정할 수 있는 소프트웨어 때문이야. 따라서 우리는 다양한 이유로 용의자가 될 수 있다는 거야!

국립 안전 고등 연구원에 있는 전문가들은 '오늘날 비디오카메라에 의한 감시는 그 효율성도 비효율성도 전혀 입증된 바가 없다.'라고 단언했어. 오히려 경범죄가 발생하는 횟수를 줄이기 위해서는 더 많은 경찰관이 담당 구역 분할(경찰관이 한 지역을 담당하여 항상 순찰하는 방법)이나 범죄 발생 지역에 대한 직접적인 지식을 갖는 등 전통적인 방법으로 돌아가야 한다고 적극 주장했지. 또 다른 사람들은 감시나 압력보다 더 중요한 것은 교육이요, 사회적 직무라고 생각하기도 한대. 이와 같은 논쟁은 쉽게 식을 것 같지 않아 보여!

한국은, 2010년 국가 인권위원회에서 한 조사에 따르면 수도권에 거주하는 사람들은 하루 평균 80번 정도 CCTV에 노출된다고 한다. 그리고 CCTV에 접근이 가능한 누군가가 마음먹기에 따라 개인의 이름과 얼굴은 물론, 직장 위치와 평소 하는 일, 소비 패턴 등을 파헤치기란 식은 죽 먹기가 되어 버렸다. 사실 이 CCTV들은 범죄를 예방하고, 경찰 조사 자료로 사용하기 위해 설치한 것으로 개인과 사회를 보호한다는 좋은 목적을 가지고 있었다. 이렇듯 감시와 개인 사생활 보호는 대립적인 이미지가 강하지만 그 시작은 모두 보호에서 출발했다는 점에서는 같다고 할 수 있다. 감시라는 말 자체에도 혹시 발생할지 모르는 범죄자로부터 누군가를 보호하기 위해 관찰한다는 의미가 내포되어 있기 때문이다. 그러나 발전을 거듭한 기술은 이 보호와 감시의 간극을 멀찌감치 떨어뜨리는 결과를 가져왔다. CCTV가 아니더라도 각종 SNS와 스마트폰에 저장된 GPS를 통해 개인 정보는 실시간으로 기록되며 관리되고 있고, 금융거래를 위해서는 주민등록증을 제시해야 하고 은행이 요구하는 정보 제공에 동의하지 않으면 통

---

[1] 보통 런던 시민이 감시 카메라에 찍히는 하루 평균 횟수는 300번 정도이다.

장 하나 만들 수 없는 세상이 되었다. 그리고 개인 정보 유출로 인해 스팸 문자가 시도 때도 없이 날아오고 있으며, 포털 사이트나 금융사의 개인 정보 유출 사고로 인해 비밀번호를 수시로 바꾸어야 하는 생활을 하고 있다. 지금 우리는 보호도 받지 못하면서 감시당하는 사회에 살게 된 것이다.

국가 정보화 및 자유 위원회 CNIL:La Commission nationale de l'informatique et des libertés

국가 정보화 및 자유 위원회는 1978년에 조직되었어. 위원 17명 중 다수는 정치권과 직접적인 관련이 있어. 선거에 의해 당선된 하원 의원 2명과 상원 의원 2명, 국회의장과 상원 의장, 국무 의원 3명은 국회의장이 지명하게 되지. 그 외 8명은 정부 산하에 있는 사회 경제 위원회와 고등재판소 출신들이야.

국가 정보화 및 자유 위원회는 다양한 정보를 제공하고 시민이 제기하는 소송을 받으며 기술 발전으로부터 개인 자유와 사생활 보호를 위해 채택해야 할 근본적인 법적, 규제적인 정책들을 정부에 제안하기도 하지. 또한 정보화 관련 법률에 대한 심각할 정도의 위반과 개인 자유에 대한 침범과 관련해서는 본 위원회에서 행정적이거나 재정적인 징계 판결을 내릴 권한도 가지고 있어.(기관 공식 사이트http://www.cnil.fr)

감독자들에 대한 감시

전 세계적으로 감독자들이 임의로 행동하는 것을 막기 위해서 '감독자들을 감시'하는 일을 담당하는 다양한 단체들이 있어. 매년 이들은 '빅 브라더 상 Big Brother Award'을 수여하는데, 즉 자유 침해, 정말 심각한 자유 침해에 대한 관심을 끌기 위한 목적으로 거짓 '상'을 주는 거야. '빅 브라더'는 소설《1984》에 등장하는 것으로, 개인의 복종과 감시체계를 상징해. 빅 브라더 상은 이런 의미를 포함하는 모든 활동에 대해 비난하고 있어. 즉, 산업계와 정치계에서 개인 신상 명세 기록 시스템(직업, 사회, 의료 등의 정보), 불법 체류자에 대한 추적, 유전자 감정 이용(종종 아주 심각하고 예상치 못한 상황에 이르곤 한다.), 감시, 생체 인증, 개인 정보화 시스템을 정치적·국가 행정적·형사적 등으로 이용하기 위한 시스템으로 만들어 가려는 공모 등이 그 대상이 되지.

현재 영국, 프랑스, 벨기에, 스위스, 독일, 이탈리아 등 여러 국가에 빅 브라더 상이 존재하고 있어.(인터넷 사이트http://www.bigbrotherawards.org)

우리나라에도 '2005년 빅 브라더 상'이 있었다. 주민등록번호 제도가 가장 끔찍한 프로젝트 상에, 정보통신부가 가장 가증스러운 정보 상에, 삼성SDI가 가장 탐욕스러운 기업 상에 선정되었다.

눈과 귀들

미국, 캐나다, 영국, 오스트레일리아, 뉴질랜드에서 운영하는 에셜론Echelon 시스템은 이론상으로는 위성과 컴퓨터 전반 및 잠수함까지 동원되어 전 세계 전화 및 문자(텔렉스, 팩스 및 이메일)를 통한 의사소통 전반을 감시할 수 있도록 하고 있어. 문자화 된 의사소통을 위해서는 컴퓨터가 모든 의사소통 안에서 키워드를 찾아내는 한편, 전화를 통한 의사소통을 위해서는 각 개인마다 다른 억양을 인식하는 시스템을 이용하는 것이지. 일부 국가들이 에셜론에 동참하고 있는 반면, 프랑스를 비롯한 다른 일부 국가에서는 독자적인 시스템을 마련하기 위해 노력하고 있어.

이와 같은 전반적이고 지속적인 감시에 대항하여 기업들은 보안을 보장하는 메시지 암호화 소프트웨어를 제공하고 있는데, 현재 프리티 굿 프라이버시Pretty Good Privacy가 가장 유명한 시스템이야.

사생활 침범

대부분 민주주의국가에서는 원칙적으로 특별한 경우에만 법에 근거하여 사생활 침범을 허용하고 있어. 판사에게 허락을 받아야 하거나 더 민감한 사안일 경우, 국가 비밀 공작원들이 최고 지위에 있는 정부 대표들(예를 들면 장관들)한테 보증을 받아야지만 일부 개인을 감시하도록 허가를 받을 수 있어.

그런데 최근 미국에서는 전화 도청 건수가 상당히 증가했어.(공식적인 미국 내 전화 도청 보고서에 따르면 2005년에서 2006년 사이 20퍼센트나 증가했다.) 그리고 조지 부시 대통령이 자신이 재임하는 동안 비밀리에 '대통령 감시 프로그램'을 사용했다는 것을 인정했어. 이 프로그램을 통해 판사를 통하지 않고 사적인 감청을 허락해 온 거야. 이제 그 프로그램은 제거되었다지만 지금도 미 국회와 판사들은 도청을 허락하고 있다는 거야! 미국 국가 안전 위원회는 군사, 테러, 경제, 심지어 개인 감시 분야까지 담당하고 있어.

tip 전자 식별RFID: Radio Frequency Identification Devise 칩

전자 식별 칩은 무선주파수에 의해서 정보를 전송하는 것을 가능하게 하지. 이 칩 하나가 수신-발신 단자와 가까운 위치에 있기만 한다면, 자동적으로 활성화되어 자신이 가지고 있던 정보를 전송하는 거야.

이 칩들은 규소si로 만들어지며 안테나를 가지고 있지만 그 크기가 1밀리미터보다 더 작아서 눈에는 보이지 않아. 전자 식별 칩 가운데 일부는 수십 미터 떨어진 거리에서도 인식할 수 있어. 예를 들면 파리 시내 대중교통(파리교통공사RATP), 프랑스국유철도

SNCF 혹은 벨리브Vélib[2]를 이용할 때 사용하는 교통카드 나비고Navigo도 이와 같은 칩을 사용하고 있어. 이러한 전자 식별 칩 시장은 급성장했는데, 2005년 한 해만 전자 식별 칩 17억 개를 세상에 내놓으면서 2005년과 2007년 사이에 무려 330퍼센트 성장을 이루어 냈어.

2 프랑스 파리의 무인 자전거 대여 서비스

3장
폭력을 피하는 것은
언제나 가능한 일일까?

청소년과 폭력……
우리는 다양한 사건들을 이해하기 위해
보통 이 두 단어를 연결시키려고 한다.
이것은 폭력이 청소년들에게 일반적으로 나타나는
행동 양식이라는 생각을 확산시키려는 경향으로 나타나며,
모든 폭력은 우선 사회라는 일반적인 범주 안에
포함되어 있다는 것을 쉽게 잊게 만들기도 한다.
그러나 폭력이라는 범주 안에서는
사회, 가정, 경제, 정치, 윤리 나아가 종교적인 요인들이
나이라는 요인보다 훨씬 더 중요하다.

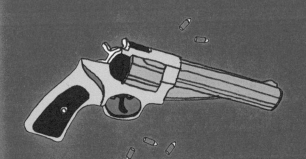

위험한 상황에서

나는 세바스티앵-포르 고등학교 1학년 A5반이다. 내 친구
조리스가 돌이킬 수 없는 행동을 저지를 뻔한 사건에 휘말린
적이 있는데, 나도 이 일에 대해 책임을 느끼고 있다. 돌이킬
수 없는 사건이 일어날 수도 있었지만, 다행히 간발의 차이로
피했다. 이와 같은 일이 다시는 일어나지 않기를 바라는 마음
에 나는 증언을 하고자 한다. 조리스는 차가운 외모와 긴 머
리, 구식 티셔츠 같은 겉모양새와는 달리, 못되지도 않았고
문제를 일으키지도 않으며 친절하고 멋진 친구이다. 이러한
사실은 아마도 친구들 중에서 가장 조용한 16세 소년이 자신
은 절대 원하지 않았어도 위험한 처지에 놓일 수 있었다는 사
실을 좀 더 잘 이해할 수 있도록 도울 것이다. 자, 이제 왜 내
가 이 글을 쓰게 되었는지 설명하겠다.

벌써 몇 주 전부터 우리는 한 가지, 다크 세퓰터 콘서트 이
야기만 하고 있다. 이제 며칠 있으면 콘서트가 열릴 예정인데

다크 세퓰터가 콘서트를 열게 된 것은 바로 내 덕이었다.

내가 밴드 연습을 위해 아버지께서 차고로 사용하시는 공간을 빌리는 데 성공한 이후 조리스와 다른 멤버 세 명은 나를 전격적으로 다크 세퓰터 팀 매니저로 뽑았다. 물론 이는 어떤 악기도 다룰 줄 모르는 나 같은 사람에게는 음악적 모험에 동참할 수 있는 좋은 기회였다. 그래서 나는 미님 사회복지 센터에서 근무하는 형을 둔 친구에게 이야기해서 콘서트 장소를 대여했다.

사회복지 센터에서는 매달 한 번씩 금요일 저녁에 열린 공연을 개최한다. 여기에서 록 그룹, 래퍼, 슬램 시인[1], 댄서들이 대중 앞에서 공연을 할 수 있는 기회를 얻는다. 그런데 프로그램에 참여하기로 했던 어느 한 팀이 취소를 하면서 구멍이 생긴 것이다. 드디어 우리에게 무대를 자유롭게 이용할 수 있는 기회가 주어졌다. 문제는 시간이었다. 준비하기에 남은 시간은 턱없이 부족했다. 하지만 나는 꼭 잡아야 하는 기회라며 팀원들을 설득하는 데 성공했다. 콘서트 장소는 우리가 꿈꾸어 왔던 최고는 아니지만 첫 시도로는 썩 괜찮아 보였다.

콘서트 전 두 번째 연습일이었다. 팀원 모두 공연에 대한 압박감에 폭발하기 일보 직전이었다. 항상 아주 조용한 성격

[1] 자신이 쓴 시를 공연하듯 보여 주는 사람

이었던 조리스도 극도로 예민해진 것 같았다. 그러니 베이스 기타 담당 그자비에, 건반 담당 마뉘, 드럼 담당 이반 모두 흥분한 것은 말할 것도 없다. 이날 조리스가 보여 준 태도는 나를 놀라게 했다. 나는 조리스를 잘 알고 있다. 우리 우정이 어제오늘이 아니었으니까. 그래서 나는 예민해진 조리스가 기타를 잡으면 침착해진다는 것을 잘 알고 있다. 그런데 유독 좀 심하게 짜증을 내는 것이다. 조리스가 느끼는 불안감은 단지 신경과민 때문에 그런 것 같지 않았다. 다른 이유가 있는 것 같은데, 그게 무엇이었을까? 조리스는 학교에서도 며칠 전부터 아무 이유도 없이 모두에게 공격적으로 대했다.

나는 음향 장치 전선들을 감는 일을 끝낸 후, 조리스에게 물었다.

"무슨 일이야? 너 아무래도 이상해. 뭔가 숨기는 게 있지?"

"짜증 나게 만들지 마, 클레망. 네 일이나 신경 쓰라고!"

마침 이반이 어머니가 연습을 위해 빌려 주신 승합차에 있는 배터리 충전을 마쳤다. 그자비에와 마뉘는 각자 자기 장비인 베이스와 신시사이저 그리고 앰프를 정리하고 있었다. 이반이 조리스에게 말했다.

"내가 데려다 줄까?"

"아니야, 난 걸어서 갈래. 그 편이 좋아."

조리스는 한 손에 기타 가방을 들고 멀어져 갔다. 우리에게 인사도 하지 않고서 말이다.

다음 날 학교에서 나는 조리스에게 별 관심을 가지지 못했다. 그러다가 수업을 마치고 나오면서 다시 궁금해졌다. 조리스는 한 스무 걸음쯤 앞에서 걷고 있었다. 그리고 그 앞 그루세 길과 르블랑 길이 만나는 교차점에 있는 버스 정류장 근처에서 고등학생으로 보이는 남학생과 여학생이 이야기를 나누고 있었다. 어쩌면 우리 학교 3학년들 중에서 본 적이 있는 것도 같았다. 남학생은 분명 앙토니 같았는데 몸집도 크고 빡빡 깎은 대머리에 무엇보다 일그러진 코 때문에 주목을 끌었다. 우리 반 친구 칸디스와 레슬리에게 들은 바에 따르면, 복싱 경기를 하다가 얼굴 모양이 그렇게 되었다고 했다. 여학생은 키가 큰 갈색머리 날라리였는데 이름은 알지 못했지만 아주 못돼 보였다. 두 명 모두 절대로 알고 지내고 싶지 않은 부류에 속한 아이들이라는 것은 말할 필요도 없을 것이다.

조리스가 그 옆을 지나가자 그들이 조리스를 불러 세웠다. 조리스와 아는 사이였는지는 전혀 몰랐다. 한 번도 이 아이들에 대한 이야기를 한 적이 없기 때문이다. 유명한 앙토니는 약간 화가 난 듯 보였고 조리스는 머리를 숙인 채 듣고만 있었다. 무슨 말을 하는 걸까? 좀 더 가까이 가서 듣고 싶었다. 앙토니가 조리스 코 아래로 손을 흔들었다. 분명 이 행동은 '좋아, 이제 꺼져 버려!'라는 뜻인 것 같았다. 조리스는 그 두 명이 109번 버스를 타는 동안 자신이 가던 길을 계속 갔다. 나는 모든 사실을 알아내겠다는 희망을 가지고 조리스를 따라잡았다. 그런데 먼저 조리스가 알아채고는 몸을 휙 돌리며 차갑게 말했다.

"너, 나 미행한 거야?"

"아니야, 나도 집에 가는 길이야. 내가 지금 너를 놀리려고 길을 돌아왔다고 생각하는 건 아니겠지?"

조리스는 더 이상 감정이 절제되지 않는 듯 입술이 바르르 떨고 있었고, 너무 화가 나서 말까지 더듬었다.

"너, 넌…… 나를 미행한 거야. 나는, 나…….."

"너 완전히 미쳤구나, 조리스! 정신 차려 이 녀석아, 정신병원에 좀 가지. 너 아무래도 그래야겠구나."

나는 더 이상 한마디도 하지 않고 내 가던 길을 갔다. 앙토니 같은 애나 만나면서 복잡하게 사는 것이 재미있다면야 그건 쟤 문제이지 내 문제가 아니었다.

그날 이후로 조리스가 학교에 결석한 지 이틀이나 되었다. 콘서트는 가까워 왔고 이제 나는 걱정이 되기 시작했다.

휴대전화는 소용없었다. 매번 음성 메시지로 넘어갔고 메시지를 남겨 놓아도 연락이 없었다. 부모님 때문에 감히 집으로 전화할 용기는 나지 않았다. 학교를 빼먹기로 작정한 것이라면 실수해서 그 일을 알려 드리고 싶지는 않았다.

드디어 마지막 연습일이 되었다. 우리는 조리스 없이 약속을 잡았다. 그 녀석 때문에 모든 게 수포로 돌아갈지도 몰랐다. 이반은 다른 친구들이 설비들을 준비하는 동안 함께 조리스 집으로 찾아가 보자고 했다. 조리스 부모님은 이 도시 언덕에 위치해 있는 꽤 예쁜 집을 가지고 계셨다. 동네도 어느 정도 잘사는 사람들이 모여 사는 조용한 곳이었다. 이반이 조리스 집 대문 앞에 승합차를 주차하고 나서 나에게 물었다.

"가 봐. 네가 제일 친하잖아. 또 우리 팀 매니저이기도 하고. 나는 여기서 기다릴 테니까 서둘러서 데리고 나와."

1분이 지나고 나는 돌아왔다, 혼자서.

"콘서트는 망쳤어. 이제 다 취소하러 가야겠어. 조리스 어머니가 그러시는데, 아프대. 만나지도 못하게 하시더라고."

"전염되는 건가? 무슨 병인데?"

"말씀을 안 하시는데……."

다음 날 학교에서 같은 반 친구 기욤이 내 눈 앞에 자기 휴대전화 화면을 내밀었다. 나는 믿을 수가 없었다. 클로즈업한 화면에서는 조리스가 누군가에게 정면으로 따귀를 맞고 있는 중이었다. 이 동영상을 찍은 애는 오른쪽에 있었던 것 같고 때리는 녀석은 왼쪽에 비스듬히 서 있는 것 같았다. 그래서 팔과 손밖에는 볼 수 없었다. 그러더니 그 손으로 이번에는 조리스 머리를 움켜쥐고 난폭하게 흔들어 댔다. 조리스는 두려움에 얼굴을 찌푸리고 있었다. 나는 더 이상 보고 싶지 않았고, 차마 볼 수도 없었다.

기욤은 나에게 설명하는 것이 옳겠다고 생각했던 것 같다.

"해피 슬래핑[2]이야. 어떤 건 줄 알지? 단순해. 한 명은 때리고, 또 한 명은 동영상을 찍고. 3학년 선배가 보내 준 거야. 이제까지 너 말고는 아무에게도 안 보여 줬어."

"그래서 네 맘에 든다는 거야?"

"뭐야! 클레망, 난 아무 잘못 없다고! 조리스를 위해 무슨 일이라도 해야 하지 않나 해서……, 그런데 어찌해야 할지 모르겠더라고. 먼저 조리스랑 이야기를 해 봐야 할 것 같아."

나는 재빨리 고민을 했다.

"아니야. 너는 우리 반 애들을 다 모이게 해서 이 동영상을 보여 줘. 그리고 모두 이 사건에 대해 증인이 되어야 해. 그러면 조리스가 여기에서 벗어나게 도와줄 수 있을지도 몰라."

한 시간 후 나는 조리스 집 초인종을 누르고 있었다. 아무 소리도 나지 않았고 아무도 없는 것 같았다. 나는 돌아가는 것처럼 몇 발자국 나아가다 갑자기 뒤를 돌아보았다. 창문에서 커튼이 펄럭이는 것을 보았다.

"조리스, 너 거기 있는 것 다 알고 있어! 문 열어 봐. 나도

---

2 피해 학생이 맞는 장면을 휴대전화로 녹화하여 전송하는 것

돌아가지 않을 거야. 네가 안 열어 주면 네 부모님이 오실 때까지 여기서 기다릴 거야."

몇 초 뒤에 문이 열리는 소리가 났다. 나는 문을 열었지만, 문 뒤에는 아무도 없었다. 조리스는 벌써 2층에 있는 제 방으로 올라간 것 같았다. 나도 2층으로 올라가 기타 영웅들이 실린 포스터가 빼곡히 붙어 있는 방 한구석에서 조리스를 찾아냈다. 그런데 한 가지 내 눈에 띄는 것이 있었다. 바로 조리스의 기타 케이스가 활짝 열린 채 비어 있는 것이다. 방 안 어디에도 기타는 보이지 않았다. 이제야 모든 것이 분명해졌다.

"그 녀석들이 빼앗아 간 거지, 그렇지? 그리고 동영상, 그건 네가 기타를 주지 않으니까 그 벌로 찍은 거고. 맞아?"

"넌 항상 너랑 상관도 없는 일에 그렇게 관심을 보이더라."

"왜 이렇게 가만히 있어? 분명 부모님께도 아무 말 안 한 거지? 적어도 친구들에게는 말했어야지."

"날 좀 가만히 내버려 둬."

"너 지금 겁내는 거야? 그래서 어른들한테는 아프다고 핑계를 댄 거고, 응?"

조리스는 이 말에 화가 났는지 몸을 떨었다. 나는 조리스가 정신이 번쩍 들도록 한 대 쳐 주고 싶었다.

"너는 반 친구들을 믿어야 해. 너에게는 친구들이 있잖아. 분명히 말하는데 네가 마음만 먹고 모든 걸 말한다면 모두 너를 도와줄 거라고 확신해. 나도 증인이 될 수 있어. 난 버스 정류장에서 그 녀석들이 수작 부리는 것을 봤잖아. 그리고 동영상은 가장 확실한 증거야. 경찰들이 누가 그 동영상을 유포했는지 쉽게 잡아낼 수 있을 거야. 그런데 왜 신고하지 않는 거야? 아니면 메르맹 선생님한테 가서 다 이야기할까? 학생 상담 주임 선생님은 믿을 만하잖아. 나를 믿어. 앙토니 그 대머리 얼굴도 선생님 앞에서는 교활하게 굴지 못할 거라고.”

조리스는 침묵을 지켰다. 나는 조리스가 모든 상황을 곰곰이 생각하고 있는 줄 알았다.

“자, 그럼 결심한 거야?”

“나는 밀고자가 아니야.”

“뭐라고! 이게 무슨 바보 같은 소리야? 너 만약 이웃에서 아이들을 때리며 그 때리는 것 이상으로 아이들을 괴롭힌다면, 네가 밀고자가 될까 봐 두려워서 신고하지 않을 거야?”

“그건 다른 문제야.”

“그래, 물론 다른 문제! 절대로 같은 일은 아니지! 하지만 변하지 않는 게 있어. 침묵은 가해자들에게만 이익일 뿐 피해자들에게는 전혀 도움이 되지 않아.”

조리스는 계속 떨고 있었다. 나는 이제야 조리스가 마음을 먹었다고 생각했지만, 완전히 잘못 생각한 것이었다.

“이제 가, 가라고, 클레망!”

"너 아무것도 안 하고 이렇게 있을 거야?"

"가 버려. 더 이상 너를 보고 싶지 않아!"

나는 종일 해결책을 찾기 위해 쓸데없는 고민을 끊임없이 했다. 조리스가 말하려고 하지 않으면, 나는 어떻게 해야 할까? 다음 날도 나는 아침밥을 엄청난 속도로 삼킨 후 학교로 향했다. 109번 버스 정류장 가까이에 다다랐을 때 나는 조리스를 보았다. 조리스는 버스 정류장 벤치에 가만히 앉아서는 무릎 위에 배낭을 얌전히 올려놓고 있었다. 그리고 길을 주의 깊게 살펴보고 있었지만, 나를 알아채지는 못했다. 마침 버스가 한 대 도착했다. 조리스는 배낭 속으로 한 손을 슬며시 집어넣으며 내리는 사람들마다 얼굴을 뚫어져라 쳐다보기만 할 뿐 꼼짝하지 않았다. 몇 분 후에 두 번째 버스가 도착했다. 곧 조리스가 여전히 가방 속에 한 손을 넣은 채 일어섰다. 버스 뒤쪽으로 앙토니와 그 여자 친구가 보였다. 조리스가 어떤 짓을 하려는지 알아내는 것은 어렵지 않은 일이었고, 나는 즉시, 아주 빨리 움직여야 했다. 운이 좋았다. 마침 혼잡한 아침 시간이었던 터라 아주 복잡했고, 내리려는 사람들과 타려는 사람들이 서로 몸싸움을 하고 있었다. 그래서 내가 조리스 손을 가방에서 낚아챘을 때 나를 주목해서 보는 사람은 아무도 없었다. 그러는 동안 앙토니와 그 짝꿍은 우리를 보지 못한 채 학교를 향해서 갔다.

잭나이프 칼날은 면도날처럼 날카로웠고, 내 손 길이만 했다. 나는 누름단추를 눌러 다시 날을 집어넣고는 내 가방 깊숙이 넣었다. 식은땀이 등을 타고 흘렀다.

"네 일생을 공중에 날려 버릴 셈이었어? 이 미련한 녀석아! 네 생각에는 이게 용기였던 거야? 뭘 원했던 거야, 돼지 목 따듯이 날려 버리려고? 아무리 쓰레기들이라도 너에게 사람이 죽고 사는 문제를 결정할 권리가 있다고 생각해? 네가 폭력을 당하면서 너도 그들처럼 폭력에 물든 거라고."

조리스는 악몽에서 벗어난 표정으로 나에게 말했다.

"돌려줘, 클레망. 아버지 책장에 다시 가져다 놔야 해."

"그다음에는 어떻게 할 건데?"

"네가 옳았던 것 같다. 메르맹 선생님을 찾아가서 모두 말할 거야. 그러면 내가 어떻게 해야 하는지 말해 주시겠지."

조리스는 잠시 머뭇거리더니 나에게 말했다.

"같이 가 줄 수 있니?"

"같이 갈 수 있냐고? 아무도 날 못 막지! 너도 우리 반 애들도 못 막는다고! 기욤이 벌써 우리 반 애들을 다 모아 놨어! 우리 모두 너랑 같이 갈 거야. 그리고 이 두 사이코들에 대해 다 증언할 거고. 친구야, 이런 결속력이야말로 독재자와 가해자들을 다 없애 버릴 수 있는 무기란 말이야!"

클레망의 숨은 배경지식 찾기

폭력과 두려움

폭력은 불안정한 감정인 두려움을 가져와. 이 감정은 정기적인 여론조사를 통해 측정되는데, 범죄 발생이 상대적으로 적은 지역(프랑스의 리무쟁, 오베르뉴)에서나 범죄 발생 비율이 높은 지역(프랑스의 일-드-프랑스, 프로방스-알프스, 코트-다쥐르)에서나 거의 동일하게 나타나고 있어. 그러니까 폭력 행동이 어디에서 일어나는지는 별로 중요하지 않아. 나라 안 어디에서든 폭력에 대한 정보를 듣게 되면 모두 그 영향을 받는 것으로 느끼는 거야.

폭력이 두려움을 낳는다면 반대 상황 또한 충분히 일어날 수 있어. 즉 두려움은 여러 형태를 띤 폭력을 가져올 수 있다는 말이야. 개인적인 형태(폭력 옹호자들이 주장하는 자기 방어)나 집단적인 형태가 있는데 '자신의' 구역을 빼앗기는 것이 두려워서 그 구역을 지배하려고 하는 건달들은 집단적인 형태의 한 예라고 할 수 있지.

또 라틴아메리카에는 '죽음의 기병대'라는 게 있어. 이들은 비행 청소년들을 살해하면서 자칭, 거리를 '청소하는' 일을 담당한다고 해. 하지만 이들도 집단 폭력에 속하지. 이는 일부 윤리적, 종교적 나아가 언어적 집단에 반대하는 공동체적인 대결과 같아. 이와 같은 두려움은 일반화된 사회적 폭력을 양산하는 데 이용되고, 결국 사회는 전체주의 속으로 빠져들게 되는 거야. 실례로, 나치가 세운 이념에서 '반독일적' 요소들(유대인, '반사회적' 요소들, 외국인들)에 대한 두려움은 결정적인 역할을 했어. 그 두려움을 뒷받침할 근거가 없다 할지라도, 권력에 대한 의지와 비범한 개인과 국가의 '운명'에 대한 신념과 연계된 이 감정으로부터 히틀러는 자신이 주장하는 편집광적이고 독재적이며 또한 전체주의적인 정치적 이론을 전파했어.

우리 사회는 점점 더 폭력적이 되어 가는가?

시대를 서로 비교하는 것은 아주 어려운 일이야. 하지만 지난 반세기 이래, 범죄와 비행이 상당히 증가했다는 것은 알 수 있어. 범죄는 체형, 다시 말해 구금[3]과 같은 신체와 관련된 처벌을 받는 불법적 행동이며, 중죄 재판소에서 판결을 내리고 비행은 경범

---

3 구치소나 교도소 등에 가두고 신체적 자유를 구속하는 강제 처분

재판소에 속한 일이야.

프랑스에서는 전반적인 범죄가 1960년대 후반부터 증가하기 시작했어. 당시 경범죄 비율은 1천 명당 범죄가 약 32건 일어났었는데, 1970년대에는 이 비율이 40퍼센트를 넘어서더니, 1982년에는 60퍼센트 그리고 2002년에는 69.32퍼센트로 최고치를 기록했어. 그 이후에는 항상 60퍼센트 주위에 머물고 있어.(2009년에는 약간 증가세를 보였다.) 하지만 2000년대에 들어 절도나 교통사고와 같은 범죄가 줄어들면서 전체적인 범죄율이 감소했다는 허상을 만들어 냈지.

누구를 두려워하는가?

여러 내각에서 발표한 결과들과는 다르게, 1997년에 프랑스 정부가 도입한 '개인의 육체적 보존 침해' 지표는 지난 10년 동안 약 77퍼센트나 증가했어. 2006년에만 43만 건이 발생한 것으로 확인되었고 2008년에는 개인에 대한 폭력이 한 해 동안만 2.4퍼센트 증가율을 보였으며 흉기를 소지한 절도 증가율도 15.4퍼센트에 이르렀어. 그런데도 이 동일한 내각들은 경범죄가 줄어들고 있다고 발표하고 있으니 놀라지 않을 수가 없네.

설명은 간단해. 한편으로는 경찰이 임무를 충실히 수행하고 있음을 보여 주기 위해서 모든 범죄를 종류별로 구분하지 않은 결과이고 또 다른 한편으로는 억압적인 방향으로 가고 있는 정책을 정당화하기 위해서 정부가 불안 심리를 높이고 있는 것을 인정하는 것이기도 하지. 바로 이런 이유로 사회 분위기는 점점 무거워지고 요즘 우리가 이야기하는 것처럼 '불안한' 세상에서 살고 있다고 느끼는 감정은 범죄자들에 대한 두려움 혹은 경찰들에 대한 두려움으로 발전하고 있는 거야.

세계 속의 범죄

범죄율은 한 국가에서 거주자 대비 매년 발생하는 살인죄 비율을 측정한 것이야. 이 비율은 라틴아메리카가 가장 높은데 콜롬비아에서는 인구 10만 명당 60건에 이르며, 엘살바도르에서는 55건, 온두라스에서는 35건에 이르고 있어. 그리고 프랑스에서 발생하는 범죄율은 1~1.6건 사이이며, 독일과 이탈리아에서는 1~1.2건 사이, 캐나다와 벨기에에서는 범죄율이 2에 가까워.

2008년 미국 연방 수사국FBI에서는 범죄가 1만 4,180건이 발생했다고 기록하고 있는데, 이는 인구 10만 명당 4.6건에 이르는 비율이야. 우리는 대부분 백인 피해자들이 아프리카계 미국인(=흑인) 피해자들보다 4배 이상 많을 것이라 생각하고 있지만, 이 수치를 구체적으로 살펴본다면 같은 해 백인 피해자는 6,838명, 흑인 피해자는

6,782명으로 거의 동일한 수치를 기록하고 있지. 한편 아프리카계 미국인 피해자 거의 대부분은 또 다른 아프리카계 미국인에 의해 당한 것으로 기록되어 있어.

문화적으로 유사하고 생활수준이 거의 동등한 두 나라, 캐나다와 미국에서 발생한 살인 범죄를 비교하면, 총기를 사용하지 않은 살인율은 캐나다보다는 미국이 1.2배 정도 더 높은 편이야. 하지만 총기를 이용한 살인율은 6.5배로 훨씬 더 높아. 그중 캐나다에서는 금지하고 있지만, 미국에서는 허가가 이루어져 널리 이용되고 있는 권총을 사용한 살인율은 8배에 이르고 있어.

처벌 VS 교육

폭력을 행한 결말은 어떻게 되어야 할까? 처벌이 가장 분명한 길인 듯 보여. 모든 것을 질서에 맞게 돌아오게 하기 위해서는 처벌이 효과가 있는 것처럼 보인다는 점이 그 근거로 충분할지도 모르겠군. 그래서 폭력이 행해진 강도에 따라 처벌 수준도 균형을 맞추는 것만 중요해 보일지 몰라. 폭력 상황이 상당히 심각한 미국에서는 일부 사람들이 학교 질서 유지를 위한 유일한 방법으로 학교 당국에 더 강력한 폭력 처벌 기구를 창설하는 것을 제안했어.

이렇게 단순화된 이론은 선험적이기 때문에 시행되기까지 많은 시간이 필요하지만, 분명한 결과를 가져올 수 있다는 점에서 다른 경험들보다 더 많은 반향을 일으킬 수 있어. 프랑스 뮐루즈 근처에 있는 디뎀하임 초등학교에서는 교사들이 학생들에게 인종차별적인 폭력 행사를 하지 못하도록 금지했어. 이 사례는 마리에트 펠탱이 만든 영화, '네 언어를 이야기해 줘Raconte-moi ta langue'(2008년)라는 영화 속에서 다루고 있어. 또, 마이클 무어가 만든 다큐멘터리 영화 '볼링 포 콜럼바인Bowling for Columbine'(2003년)에서 감독은 폭력 해결 방법이 신뢰를 잃어 가고 있다는 것을 아주 단순하게 전개하고 있어. 총기가 넘쳐 나는 북미 사회에서 일부 시민, 심지어 청소년들도 범죄를 목적으로 총기를 사용할 수 있다는 것에 놀라서는 안 된다는 것을 보여 주고 있지. 그래서 이 영화에서는 우리가 사회를 발전시키기 위해서 필요한 것은 바로 고민과 교육이라는 것을 분명히 말하고 있어.

허락된 폭력:전쟁

우리는 종종 이 세계가 아주 폭력적이라는 소식을 듣곤 하지. 한편으로는 역설적이지만 이렇게 오랜 기간 평화가 유지되었던 적도 없었어.

이 말은 프랑스, 벨기에, 혹은 스위스와 같은 국가들에게만 해당되는 말이야. 세계적으로 무력 충돌이 일어난 횟수는 아직도 상당히 높은 편이니까. 또한 다른 유럽 국가들처럼 프랑스도 1991년에 발발한 걸프전이나 아프가니스탄전과 같은 다양한 분쟁에 참여했다는 사실과 르완다 집단 학살을 막기 위한 일에도 책임이 있었음을 잊지 말아야 할 거야.

국방비 지출은 허락된 폭력, 다시 말해 전쟁을 지원할 가능성이 여전히 곳곳에 있다는 것을 보여 주고 있어. 국민총생산GNP 대비 국방비 지출은 일부 국가들이 사회복지 분야에 책정할 예산을 감축하면서까지 무기 보유를 위한 선택을 하고 있음을 보여 주고 있어. 따라서 군수물자에 대한 지출이 프랑스는 국민총생산 대비 2.3퍼센트, 미국은 4.3퍼센트인 반면, 캐나다는 1.4퍼센트, 독일은 1.3퍼센트, 벨기에는 1.1퍼센트, 일본은 0.9퍼센트에 불과해. 전반적으로 OECD국가(세계에서 부유한 나라들)에서는 평균 2.5퍼센트, OECD 외 국가에서는 5.4퍼센트를 군수물자에 지출하고 있어.(2008년 기록) 특히 그루지야[4]와 이스라엘은 전체 국가 예산 중 8.1퍼센트를 무기 구매에 할애하며 사우디아라비아도 8.2퍼센트를 무기 구매에 지출하고 있어.

2009년 세계 주요 국가 국방비 지출 현황을 보면, 1인당 국방비가 미국이 2,153달러, 이스라엘 1,816달러, 사우디아라비아 1,626달러, 영국 956달러, 프랑스 870달러, 독일 580달러, 한국 460달러, 일본 400달러, 러시아 272달러, 중국 54달러이다.

출처:The Military Balance, 2011.

tip 감옥

범죄 단속은 특히 국가별로 상당한 차이를 보이는 투옥률에 의해 측정할 수 있어. 2007년 미국에서는 인구 10만 명당 723명, 뉴질랜드는 168명, 오스트레일리아는 120명 그리고 독일, 프랑스, 이탈리아에서는 90~100명이었어.

그렇지만 투옥률이 높다고 하여 반드시 범죄 단속에 효과가 있지 않다는 것을 알게 될 거야. 역으로 낮은 투옥률이 꼭 방임주의를 의미하는 것도 아니고. 현재는 범죄에 처벌을 해야 하는가 아니면 오히려 수천 개에 달하는 사회적 방패막이와 가정에 대한 지원과 특별 교육을 무시하지 않으면서도 전통적인 방식에 따라 실패를 더욱 중시했던 학교 정책을 통해 예방하는 것이 더 나은지에 대한 논쟁이 이루어지고 있어.

우리나라에서는 2010년도 기준으로 총 범죄 발생 건수가 178만 4,953건이며, 이중 검거가 151만 4,098건이 이루어졌다.

출처: 경찰청 홈페이지

4장

내 이미지는 나만의 것?

우리가 다른 사람에게 보내는 이미지는 사회 정체성을 이루는
한 요소라고 할 수 있다. 패션, 광고, 특정 상표 마니아라는 표시,
특정 그룹에 소속되었다는 코드 등이 사회 정체성을 표현하는 예다.
마이 스페이스, 유튜브, 페이스북이나
또 다른 리얼리티 텔레비전 프로그램들은
우리에게 사회 정체성을 보여 주는 거울을 제공한다고 주장한다.
그런데 한 사람이 가지고 있는 이미지는
실제 모습과는 상당한 거리가 있지 않을까?
또 이와 같은 이미지를 대중에게 보여 주면서 결국
자기 실제 모습을 빼앗겨 버릴 위험이 있는 것은 아닐까?

레슬리 이야기

거울아, 거울아, 누가 가장 예쁘니?

나는 마치 내 앞에서 영화가 상영되는 것처럼, 칸디스와 내 모습을 다시 상상해 본다. 어쩌면 텔레비전 드라마 같을지도 모르겠다. 멋지게 디자인된 장식들, 촬영 무대와 같은 조명, 그곳은 정말로 편안한 음악 휴게실이었다. 우리는 하얀 가죽 소파에 깊숙이 앉아 환희에서 빠져나오질 못했다. 〈보그〉, 〈잘루즈〉, 〈뮤틴〉 같은 잡지들을 넘기면서 우리가 이 순간 이 장소에 있다는 것이 얼마나 엄청난 기회를 잡은 것인지를 2분마다 한 번씩 계속 떠들어 대며 깔깔거렸다. 완전히 제정신이 아닌 두 여학생이었다!

"너 정말 멋진 생각을 했어. 무슨 말인지 알겠어, 레슬리? 우리 블로그 '시스터즈 패셔니스타'가 없었다면 이번 캐스팅에는 절대 참여할 수 없었을 거야. 너와 내 사진을 인터넷에 엄청나게 올리면서 나는 꼭 무슨 일이 터질 것 같더라고. 네가 말하지 않았니? 다른 사람들에게 안부를 굳이 전하지 않아도 네가 어떻게 지내는지 다른 사람들이 다 알고 있다고."

"그건 우리랑 친구를 맺었을 경우에만 소용이 있는 것 같은데. 그중에 아마 두세 명 정도 팬이 있는 것 같긴 해. 그것만으로도 솔직히 엄청난 거지. 칸디스, 너는 네 사진 중에서 어떤 사진이 제일 맘에 들어?"

"나는 우리 엄마가 즐겨 쓰는 발렌시아 선글라스를 쓰고 찍은 사진. 기억나니? 왜 귀여운 표정 지으면서 사진에 애니메이션 플래시 넣은 것 있잖아. '부끄러워하지 마.Don't be shy'라는 메시지와 같이 선글라스 위에 빨간 불이 깜박거리게 한 사진. 너는 네 사진 중에서 가장 맘에 드는 것이 뭐야?"

"나는 '젊음, 이것은 예술 같아서 모든 사람이 비판하지만 아무도 이해할 수 없는 것'이라고 쓴 사진 있잖아. 그 사진."

"그래, 기억난다. 거울 앞에서 찍은 사진이잖아. 마치 손가락 사이에 초신성을 하나 들고 있는 것같이 플래시를 넣은 사진이지. 정말 짱이었어."

우리가 로볼 프로덕션 건물에 있는 마치 스타들이 사용하는 휴게실처럼 멋진 가구들이 있는 방에서 이렇게 기다린 지도 30분이 지났다. 이 캐스팅에 연결해 준 것은 키아누였다. 키아누는 자신을 이 회사 영상 제작국에서 일하는 예술 감독 중 한 명이라고 소개했었다. 우리가 이 사람을 알게 된 것은 그가 우리 블로그에 우리가 재능과 개성이 있으며 진심으로 우리에게 관심이 있다며 남겨 둔 광고 배너 때문이었다. 또한, 우리 사진들이 상당히 최신 유행을 따르고 있다고도 했다. 우리 둘은 이제 한 발을 내딛은 것이다. 벌써 우리 주변에 모여드는 사람들의 모습이 보이는 것 같다.

"레슬리, 솔직히 거짓말하지 말고 말해 봐. 너 키아누 어떻게 생각해? 무지 귀엽지 않니?"

"난 실망했어. 우리가 이번 캐스팅에 대해 호감을 가졌을 때 우리를 안내해 주고, 또 조금은 밀어주겠다고 약속했었잖아. 근데 얼굴도 안 비추잖아! 보이지도 않네."

"내 생각에 최악은 아까 안내 데스크에서 만났던 여자였어. 우리가 키아누 소개로 왔다고 말했을 때 그 여자 얼굴 봤지. '아, 네…… 그래서요?'라고 했잖아. 도대체 그 뚱뚱한 아줌마는 뭐 하는 사람이야?"

"어쨌든 키아누는 여기 없어. 진짜로 여기서 일하는 것인지 우연히 캐스팅에 대해 알고 있던 멍청이인지 의심스러워. 넌 어떻게 생각해, 칸디스?"

"하긴, 넌 계속 믿지 못했잖아? 처음부터 우리 블로그에 광고를 내는 것도 좋아하지 않았고. 그리고 키아누가 우리한테 카페에서 만나자고 약속 메일을 보냈을 때도 먼저 그 사람에 대한 신상 정보를 알기 원했지. 아주 계획적인 못된 제비는 아닌지 어린아이들만 찾는 이상한 아저씨는 아닌지 등등 말이야."

"우리 엄마와 아빠가 얼마나 나에게 겁을 주셨는지, 이렇게 항상 극도로 의심하게 만드셨다니까!"

"결국에는 인터넷에서 다 검색해 봤잖아. 어떤 잡지에선가 진짜 좋은 브랜드 모델로 적지 않은 사진들이 있는 걸 보고 나서야 안심했지. 아니었다면 내가 너를 아는데 여기 절대로 오지 않았을걸! 하여튼, 너 내 질문에 대답 안 했다. 넌 키아누를 어떻게 생각하는데, 그러니까 외모만 보면? 레슬리, 이제 말해 봐!"

"음, 칸디스, 너한테만 말하는 건데 말이야. 만약 우리 학교에 그런 애가 있었다면 나쁘지는 않았을 것 같긴 해."

"네 말이 맞다. 솔직히 우리 반 남자애들을 보면 우린 진짜 운이 없잖아. 그렇지? 기욤은 나쁘진 않지만 노는 데는 별 관심 없는 어리숙한 면이 있어. 그리고 조리스, 말도 마. 너 걔랑 데이트 안 해 봤지? 우엑! 머리는 하나로 묶고 헤비메탈 티셔츠를 입고 나왔다니까!"

"그리고 얀, 그 촌뜨기는 사양하겠어! 라시드는, 뭐, 정 없다면야 봐 줄 만하긴 하지만 좀 진절머리가 나. 이디르는 이 세상 그 무엇을 준다 해도 싫어. 그리고 조슈아……."

"조슈아는 우리 반에 그런 애가 있는지조차 몰랐어. 실뱅은 좀 잘생기기는 했지만 개는 월젠을 좋아하는 것 같더라고. 그러니까 관심 없어!"

"시몽은 나쁘지 않아."

"이제 포기해, 레슬리. 시몽은 잊어버리라고. 너는 절대 개한테 관심을 끌지 못할 거야. 물론 나도, 그 누구도."

"그게 무슨 말이야? 그럼 네 생각에는……."

우리가 여기서 이렇게 우리 반 남학생들을 관심거리로 삼아 하나하나 꼽아 가면서 시간을 죽인 지도 한 시간이 넘은 듯했다. 이제 이런 재미도 한계가 온 것 같았다.

방 안 네 모퉁이에 작은 카메라가 있는 것을 우리는 알고 있었다. 하지만 이 방 안에 우리만 남겨져 있고, 또 꽤 비싼 장식품도 많으니 로볼 프로덕션 같은 회사에서는 도둑을 방지하기 위해 당연히 설치한 것이라고만 생각했다. 하지만 한번 걱정이 시작되자 점점 생각 속으로 빠져들었다. 로볼 프로덕션 건물 복도를 지나 이 방에 오기까지 어떤 경쟁자들도 만나지 못했기 때문이다.

"아무래도 여기서 이렇게 우리만 기다리고 있는 게 이상하지 않아? 내 생각에는 캐스팅 오디션이라면 정말 사람들이 바글거려야 하고, 스타 Ac 프로그램처럼 수백 명이 줄을 서고 있어야 하는 거 아니야?"

"레슬리, 이건 정상이야. 우리가 하는 캐스팅 오디션은 다르잖아. 우리는 여기에 추천을 받아 온 거라고. 바로 선발되었다는 거지. 키아누가 소개해 주지 않았다면 여기에 이런 캐스팅이 있는지조차 몰랐을걸. 그리고 너 들어오면서 건물 크기 봤지? 분명 또 다른 방에 우리 같은 애들이 기다리고 있을 거야. 다시 말해 우리는 다른 애들이랑 차별화되었다는 이야기지. 아주 신중하게 오디션을 하는 것 같아."

"들어올 때 안내 데스크에서 어떤 종이에 서명했잖아. 네 생각에는 잘한 일인 것 같니? 우리 부모님들께는 아무 말도 안 했잖아…… 만약 내가 뽑힌다 해도 아빠가 뭐라 하실지 불을 보듯 뻔한데. 그냥 솔직히 열여덟 살이라고 말하고 나이는 속이지 말 걸 그랬나 봐."

"야, 그 여자가 우리한테 신분증 보여 달라고 하지 않았잖아. 안 그래? 도대체 뭘 걱정하는데? 그 종이는 단지 우리를 카메라로 찍을 수 있도록 동의하는 것뿐이야. 네 생각에는 이 사람들이 어떤 여자애를 뽑아서 테스트를 해 보고 카메라로 찍는데 어떤 보증도 없이 모험을 할 사람들로 보이니? 뽑힌 애가 갑자기 '안 되겠어요. 전 사람들이 절 알아보는 걸 원하지 않아요. 안 그러면 소송이라도 하겠어요!'라고 한다고 생각해 봐. 또 이런 일은 벌써 리얼리티 텔레비전 프로그램에서 수없이 많이 일어났었고."

"그럼, 이 사람들이 하려는 프로그램은 뭘까? 너 아는 거 있니, 칸디스?"

"아는 거 있냐고? 너 장난해? 아는 정도가 아니지! 이 프로그램 이름은 '나의 가장 멋진 친구'라고 키아누가 말해 줬어. 그래서 인터넷으로 좀 찾아봤지. 이미 영국에서 이런 프로그램이 있더라. 패리스 힐튼이랑 같이 하는 프로그램. 그래, 맞아, 확실해. 제목은 '패리스 힐튼의 최고의 친구'였어. 패리스 힐튼이 경쟁자 열두 명과 함께 생활하면서 그들을 테스트해. 그러면 경쟁자들은 자신이 패리스한테 가장 멋진 친구가 될 수 있다는 것을 증명하기 위해 여러 테스트를 거쳐야 하는 거고. 그러는 동안 패리스는 한 명씩 탈락을 시키는 거야."

"그 테스트들은 어떤 종류인데?"

"패리스가 장 보는 것 도와주기, 패리스에게 조언해 주기, 장점을 이야기하면서 감동시키기, 항상 짱 섹시하게 보이기, 돈만 밝히는 여자가 아니라는 것 증명하기 등이야. 돈을 위해 남으려고 하는 사람들은 인정사정없이 쫓아내면서 패리스는 이렇게 말해. '너는 절대로 내 친구가 될 수 없어. 살기 위해서 그런 것뿐이야.'라고."

우리가 이런저런 가정들을 하면서 그곳에 있었을 때, 드디어 문이 열리고 한 여자가 나타났다. 그 여자는 정말 매력적이었다. 또 우리가 이곳에 와서 처음 보는 여자였다. 자신을 나오미라고 소개한 여자는 로볼 프로덕션에서 캐스팅 담당 보조로 일한다고 했다. 난 그 여자를 보자마자 금방 깨달았다. 저렇게 섹시한 여자가 보조일 뿐이라면, 우리는 절대로 카메라 앞에 설 기회를 잡지 못하겠다고 말이다. 그리고 나는 틀리지 않았다.

그 여자는 말했다.

"죄송합니다. 여러분은 선발되지 않으셨습니다."

칸디스가 짜증을 냈다.

"하지만 우리는 아무런 테스트도 받지 않은걸요! 분명히 말하지만 당신은 우리를 본 적도 없잖아요!"

나오미는 미소 지으며 말했다.

"아니요. 우리 모두는 여러분을 봤습니다."

나오미는 말하면서 방에 있는 미니카메라들을 가리켰다. 그러고는 계속 말을 이었다.

"우리가 관심 있게 지켜본 것은 바로 여러분이 실제로 어떤 모습인가였습니다. 죄송하지만 한 번 더 말씀드리자면 여러분은 저희가 원하는 조건을 가지고 있지 않습니다. 분명 다른 곳에서 기회를 잡게 될 것입니다."

우리는 완전히 낙심해서 로볼 프로덕션을 나왔다. 나오기 전에 안내 데스크에 있는 여자에게 들리도록 칸디스가 그 여자 허리통에 관해 못된 소리를 하면서 지나가는 것을 아무도 막을 수 없었다. 그렇다고 얻는 건 없었지만 칸디스는 분이라도 좀 풀린 것 같았다.

그런데 예상하지 못한 가장 끔찍한 상황은 3개월 뒤에 일어났다. '나의 가장 멋진 친구'라는 프로그램이 드디어 텔레비전 채널 W7에서 매주 화요일 저녁에 방영하기 시작한 것이다. 이 프로그램에는 패리스 힐튼은 나오지 않지만, 그건 중요하지 않았다. 선정된 여자 열두 명이 서로 모든 사람에게 가장 멋진 친구가 되기 위해서 경쟁을 했다. 프로그램 자체는 그렇게 나쁘지 않았지만, 칸디스와 나를 죽인 것은 바로 캐스팅에 떨어진 사람들이 매회 프로그램이 끝나고 자막이 나오기 전 녹음된 웃음소리와 함께 나오는 것이었다. 이 장면에는 '이런 친구들, 우리 모두 원하지 않아요!'라는 제목이 붙여졌다. 바로 여기에 칸디스와 내가 나온 것이다.

모든 사람이 우리가 나누었던 대화를 아주 분명하게 들을 수 있었다.

"기욤은…… 완전 어리숙해…… 조리스는…… 우웩! 얀, 그 촌뜨기…… 이디르는…… 아무도 원하지 않아…… 윌젠을 좋아하는…… 조슈아는…… 나는 있는지조차 알지 못하고…… 시몽……."

이날 이후로 우리 주변에는 방역 선이 쳐졌다. 이 끔찍한 프로그램이 방영된 이후로 더 이상 아무도 우리와 말하려 하지 않는다. 칸디스와 나는 우리 반에서 정말 독을 뿜어내는 사람들이 되어 버렸고, 학교 전체에서 웃음거리가 되었다. 내가 이 일을 생각할 때마다 가장 속상한 것은 바로 우리 스스로 이 일에 서명을 했다는 것이다.

'네가 옳았어, 칸디스. 사람들은 네가 다른 아이들과는 다른 네 모습을 보여 주려고 할 때 비로소 네가 어떤 애인지 정말로 알게 되는 것 같아.'

레슬리의 숨은 배경지식 찾기

이상한 표현:초상권-초상권이 뜻하는 것은 무엇일까?

초상권은 모든 개인이 자기 이미지가 동의 없이 사용되는 것을 금지할 수 있는 권리를 말해. 이 권리는 사생활을 보호하기 위해서 제정되었어. 양심적이지 못한 다양한 사회나 단체 혹은 개인들이 한 개인이 가진 이미지를 영리를 목적으로, 다시 말해 저속하게도 사용할 수 있기 때문이야.

우리가 다른 사람들에게 보낼 수 있는 이미지들이 해를 끼칠 수 있다는 사실이 알려진 이 사회에서 자기 이미지 사용을 금지할 수 있는 것은 매우 소중한 일이야. 한편, 이 사회가 항상 더 많은 '공개적인 가시성'을 요구하면서, 개인에게 외모, 태도, 의상을 통해 자기 장점을 부각시키도록 하고 있어. 또 다른 한편으로 일부 미디어 매체에서는 이런 공적인 가시성 이상을 보기 원한다는 거지. 다시 말해 이야깃거리를 만들려는 거고 특히, '돈을 벌기 위한' 목적을 가지고 사생활을 들여다보려고 한다는 거야.

이렇게 해서 스타들은 화장하지 않은 얼굴을 드러내며 스캔들 잡지에 실리게 되고, 이런 잡지들은 어떤 여배우가 체중이 얼마나 나가느냐, 어떤 가수가 칵테일파티에서 너무 술을 많이 마셨다는 등과 같이 유명인들의 사생활에 대한 특종을 실으려고 하지. 이론적으로 이런 스타들은(연예인뿐만 아니라 정치인들인 경우도 있다.) 자신에 관한 원하지 않는 사진을 출판물에 사용하는 것을 금지하기 위해서 초상권에 대하여 논의할 수 있어. 그렇지만 이런 잡지들에 대한 소송이 제기되는 경우는 아주 드물어. 영광스러운 '몸값'과 관련이 있기 때문이지. 게다가 이는 인기도를 보여 주는 분명한 증거이며, 새로운 인터뷰나 새로운 계약을 가져올 수도 있기 때문이야. 따라서 일부 연예인들은 자기 초상권을 가지고 거래를 하는 경우도 있어.

휴대전화의 사용:사적인 혹은 공적인 일?

휴대전화 사용자들은 대부분 생각 없이 여러 사람이 많이 다니는 장소에서 약속을 잡는 것을 좋아하는 습관이 있는 것 같아. 그래서 "나 여기 왼쪽에 있는 파란 창문 집 근처에 있어."라는 지극히 전형적인 대화를 하곤 하지.

"아직도 안 보여?"

"응, 넌 내가 보여?"

"아, 여기 있네. 내가 지금 손짓하고 있잖아!"

"근데 지금 손짓하는 사람이 세 명이나 보인다고……."

일반적으로 이렇게 휴대전화에 대고 소리를 치면서 주변에 있는 사람를 찾는 거야. 때로는 대기실이나 버스 옆 좌석 혹은 기차 같은 곳에서 전혀 알지 못하는 사람이 휴대전화로 통화하는 내용을 듣고 지극히 개인적인 대화에 공감하게 되는 경우도 있어. 하지만 휴대전화는 자기 집에서 하는 집 전화가 아니며, 또한 집보다는 바깥이 덜 조용하다는 것도 주지할 필요가 있어. 이제 휴대전화는 주변 사람들에게 피해를 가져다줄 수도 있으며, 공공장소를 사적인 장소로 이용하려 하는 '방방곡곡이 내 방이야.'라는 효과를 강화하기도 하다는 것을 알겠지.

한계를 넘어선 리얼리티 텔레비전 프로그램

2010년에 프랑스에서 방영한 '딜레마'라는 프로그램에서는 두 팀으로 나눠 각 팀원들에게 '딜레마가 있는' 임무를 수행하도록 제안했어. 예를 들어 채식주의자가 자기 팀을 구하기 위해서는 설익은 스테이크를 먹어야 한다는 식이야. 이를 고등 시청각 위원회에서는 '가장 인간의 존엄성을 침해'한 채널로 선정했지만, 프로그램 방영 자체를 막지는 못했어. 오히려 승자는 9만 9,684유로를 주머니에 챙겼어.

같은 해에 스타라고라staragora[1] 사이트에서는 새롭게 방영할 '올 여름 가장 기대되는 게임'이라는 부제가 붙은 '할 수만 있다면 날 속여 봐!'라는 새로운 리얼리티 텔레비전 프로그램을 소개했어. 이 프로그램은 '매혹의 섬'만큼이나 인기가 있었던 리얼리티 텔레비전 프로그램이었어. 지원자들은 '비밀 이야기'보다 훨씬 더 많이 다른 사람들을 속여야만 했는데, 이것이 바로 이 프로그램이 매혹적인 이유야. 큰 흐름은 다음과 같아. 실제 커플인 열 쌍이 16일 동안 진짜 자기 짝꿍이 누구인지 다른 지원자들이 알아챌 수 없도록 속여야 해. 이 정도로 깊게 도덕적 타락을 보여 주는 프로그램은 처음이었어. 그러나 매혹적인 타락의 극치와 물질 만능을 보여 주던 이 프로그램은 결국 방영되지 못했어. 첫 방송을 며칠 앞두고 지원자 중 한 명이 자살을 했거든……

이미지와 사생활

인터넷상에서 이루어지는 소셜 네트워크는 개인에 대한 정보를 수집하게 해. 이 정보들은 몇몇 멀리 있는 컴퓨터에 저장이 되며, 언제든지 특히 상업적인 이유로 쉽게 다시 꺼내 볼 수 있어. 물론 소셜 네트워크상에서 다른 사람이 올려놓은 사진을 보거나

---

1 전 세계의 연예. 스포츠 스타들과 관련된 소식을 다루는 프랑스 가십 사이트

글 같은 것들을 읽기 위해서는 반드시 비밀번호가 필요하다든지 그 사람과 친구가 되어야만 해. 하지만 일부 고용자들은 페이스북에 대한 관심을 공공연히 드러내며 이를 통해 직원들을 감시하거나 자신의 기업에서 일하고자 하는 지원자들에 대한 정보를 살펴보려고 하지. '페이스북 사생활 보장 정책' 선언에서는-이를 읽어 보는 사용자는 거의 없겠지만- 몇몇 우려할 만한 문장이 보여. 예를 들면 '우리는 다른 페이스북 사용자들에게서 관심이 있는 정보들을 수집할 수 있습니다.(한 친구가 당신의 사진, 동영상 혹은 장소를 보고 당신을 알아보았다면, 당신에 대한 우정을 더욱 친근하게 표현할 수 있으며 당신과 어떤 관계인지 표시할 수도 있습니다.)' 따라서 모르는 사람들도 제삼자가 우리에 대해 제공한 정보를 수집할 수 있으며, 우리는 이 소셜 네트워크에 가입을 함과 동시에 이와 같은 사항을 수락하게 되는 것이지.

사생활이란 표현은 각 개인에게 '비밀스러운 생활'이라는 중요한 부분으로서 분명한 의미가 있었어. 그래서 다른 사람들은 친구라는 범주에 속했을 때만 이것에 접근할 수 있었지. 그러다가 이 범주가 상당히 확대되어 초대받지 않은 개인들, 예를 들면 고용주, 경찰, 판매 회사들까지도 접근할 수 있게 되어 버렸어.

정보 통신 기술과 사생활

새로운 정보 통신 기술은 40년 전에는 생각하지도 못했던 가능성을 열어 놓았어. 인터넷 덕분에 우리는 예전보다 더 빨리 전 세계 어디에 있는 누구와도(반드시 컴퓨터를 보유하고 있어야 된다는 사실은 잊지 말자!) 의사소통이 가능해졌지. 각 개인은 검색엔진을 통해서 종류를 막론하고 모든 정보를 기록적인 시간 안에 찾을 수 있고 거리가 수천 킬로미터 떨어진 곳에서도 화상회의에 참여하거나 함께 게임도 할 수 있지.

하지만 새로운 정보 기술이 제공한 가능성 이면에는, 이러한 기술을 통해 개인 사진이나 계좌에 대한 정보들을 관리할 수 있는 것은 아주 어려울 뿐만 아니라 거의 불가능해졌다는 사실도 알아야 해.

tip 정보 통신 기술이 가져온 해프닝

2010년 여름, 영국에 사는 레베카는 열다섯 번째 생일을 맞이하여 몇몇 친구를 초대하려고 페이스북에 소식을 올리기로 했어. 그래서 자기 프로필이 모든 사람에게 공개된다는 것은 생각하지도 못하고 집 주소와 전화번호를 올렸지. 몇 시간 뒤에 2만 1천 명에 이르는 사람들이 생일파티에 오겠다고 했고, 레베카는 집 앞에 사람들이 몰려드는 것을 피하기 위해서 경찰에게 보호를 받아야만 했어.

5장

모든 것을 말하는 것, 과연 허락된 일일까?

우리는 어떤 표현이든 할 수 있는
완전한 자유에 대한 권리를 주장할 수 있을까?
예를 들면 인종차별에 대한 선동, 모욕,
공개적인 비난은 법에 위반된다.
그렇다면 충분한 검열에는 찬성할 수 있을까?
또, 자유라는 것은 타인에게 미칠 수 있는
간접 혹은 직접적인 피해를 막는
최소한으로 누릴 수 있는 한계일 뿐일까, 아니면
반대로 어떠한 제약도 강요하지 않는 것일까?

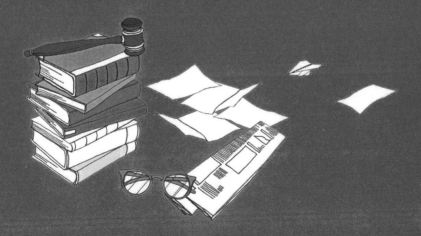

엠마 이야기

라디오 N

"청취자 여러분, 안녕하세요! 여러분은 지금 국영 라디오 방송으로 멋진 프로그램 'N'을 듣고 계십니다! 저 장 위르뱅, 여러분께 인사드립니다. 오늘 저녁 '자유 발언대' 시간은 좀처럼 표현할 기회가 없는 청소년들에게 열린 법정을 제공해 드립니다. 여러분은 사회에서 소외된 사람들도 아니요, 가족과 단절된 사람들도 아니요, 규범과 법을 넘어서는 사람들도 아니지만 사회적으로 이런 경험을 거의 할 수 없었습니다. 모든 사람이 이와 같은 상황을 알면서도, 청소년들이 미디어에 관심이 없다고만 생각합니다. 바로 이곳, 국영방송을 제외하고 말입니다. 우리가 오늘 듣고자 하는 의견은 자기 정체성을 분명히 알고 있고 이 정체성이 어떻게 존중받아야 하는지를 알고자 하는 청소년들이 내는 목소리입니다. 앙드레-마리 라발리에르의 기술로 현재 22시 7분임을 알려 드립니다. 잠시 음악을 들으신 후 다시 이어 가겠습니다."

"여러분은 지금 국영 라디오 'N'에서 하는 '자유 발언대'를 듣고 계십니다. 청취자 여러분, 기쁘게도 지금 고3 학생인 우리의 친구 가에탕이 함께하고 있습니다. 맞지요?"

"네, 생-이그나스 고등학교입니다."

"그리고 또 다른 친구 두 명과도 함께하고 있습니다. 오른쪽은 맥상스인데, 가에탕과 같은 학교에 다니시나 보죠?"

"네, 맞습니다. 같은 반입니다."

"그리고 세드리크."

"안녕하세요."

"세드리크는 세바스티앵-포르 고등학교 1학년 학생입니다. 고등학교 생활이 항상 평온한 강줄기 같지만은 않지요. 이것에 대해서는 조금 뒤에 이야기하도록 하고요. 가에탕, 저는 우선 지난주 여러분이 자신이 살고 있는 마을에서 개최했던 아주 독특한 시위에 대한 이야기를 하고 싶습니다."

"이전에는 신문이나 텔레비전에서 단지 게이 퍼레이드만 지겹도록 볼 수 있었습니다. 그래서 우리들은 무언가 자랑스러워할 만한 시위, 국가적 차원에서 의미가 있는 시위를 하려고 했습니다. 우리는 이 시위를 '잘못을 뉘우친 돼지'라고 부릅니다."

"이 시위는 무엇에 대한 것이지요, 맥상스?"

"저희는 돼지 가면을 쓰고 평화적인 퍼레이드를 준비하기로 했습니다. 인터넷 조직망 덕분에 1백 명이 조금 넘는 사람들이 모였습니다. 우리가 돼지를 선택한 이유는 우리 갈리아[1] 전통을 가장 잘 표현하는 상징이 바로 돼지이기 때문입니다. 이와 같은 전통이 이제 사라질 위험에 빠져 있다는 것을 바로 이 돼지 가면과 함께 가장 최고로 증명해 보일 수 있었습니다. 자, 보십시오. 일부 슈퍼마켓에서는 이미 돼지고기를 찾아볼 수 없으며, 패스트푸드는 마치 정결한 식품인 듯 바뀌어 버렸고, 이미 적지 않은 학교 식당에서는 최소한으로도 신선한 햄이나 소시지를 사용하지 않습니다!"

"가에탕, 또 다른 내용을 덧붙이고 싶으신가요?"

"우리가 벌인 시위는 정말 착한 시위였습니다. 단지 부수고 훔치는 즐거움을 위해 시위를 하는 도시 청소년들과는 정반대입니다. 그래서 우리는 우리 의견을 알리는 방법으로 소시지를 나누어 주는 일을 선택한 것입니다."

"어떤 사람들은 일종의 도발이라고 말합니다. 종교적 이유로 돼지고기를 먹지 않는 일부 사람들에게 돼지고기 제품을 용감하게 알려 드리려는 것이 아닌가 말입니다. 어떻게 생각하나요, 맥상스?"

"도발은 우리가 한 것이 아닙니다! 도발은 우리 나라에 정

---

[1] 고대 로마인이 갈리인이라고 부르던 사람들이 살던 지역으로 북이탈리아, 프랑스, 벨기에 일대이다.

착하여 우리 전통이 아닌 다른 관습을 강요하는 외국인들이 하고 있지요. 바로 부르카², 일부다처제, 돼지고기에 대한 거부 말입니다. 우리는 노숙자들을 위한 '대중적인 비계 수프'라고 하는 새로운 운동을 보여 드린 것입니다. 좋은 가정식 요리법으로 만든 따뜻한 식사를 쉴 곳이 없는 사람들에게 주는 것으로 우리가 도발을 한다고 말할 수 있을까요?"

"가에탕?"

"다른 곳에서 온 사람들이 우리 나라의 전통을 좋아하지 않는다면 이 사람들은 왜 여기에 머무는 거죠? 그들은 자신들이 떠나온 곳으로 다시 돌아가면 됩니다. 우리는 그들을 잡지 않습니다."

"결국 돼지고기 문제가 서로 상반되는 종교로 인한 두 문화 사이에서 일어나는 충돌이라는 문제로 커지나요? 어떻게 생각하세요, 맥상스?"

"맞습니다, 위르뱅 씨. 종교와 관련해서도 프랑스는 오래 전부터 뿌리를 두고 있는 종교가 있었습니다. 우리 나라에서 교회 없는 마을이 어디 한 곳이라도 있나요? 그것이 바로 증거입니다."

"하지만 모든 프랑스 사람이 가톨릭 신자인 것은 아닙니다.

2 이슬람 여인들의 복장

개신교 신자, 무신론자도 있지요."

"물론, 맞습니다. 제가 말씀드리고 싶은 것은, 어쨌든 우리는 우리 문화를 떠받치고 있는 근간이며 나아가 유럽 곳곳에서도 보이는 기독교 문화에 속한 정체성을 가지고 있다는 것입니다."

"제가 맥상스 이야기에 몇 가지 덧붙이도록 하겠습니다. 프랑스 출신이 아닌 사람들은 자신들이 원하는 종교 생활을 할 수 있습니다. 하지만 각자 자기 집에서 해야지요."

"제 생각에는 청취자들이 여러분이 주장하는 의견을 충분히 이해하셨을 것 같네요, 가에탕. 이제 세드리크에게 질문을 하겠습니다. 또 다른 주제를 다루었으면 하는데요. 세드리크는 프랑스 출신 청소년 학생들을 대표한다고도 할 수 있는데요. 그렇죠? 세바스티앵-포르 고등학교처럼 '유색인종이 상당히 많은' 학교에서 프랑스 국적인으로 생활하는 게 어떤지 궁금합니다."

"무슨 말씀을 드려야 할지……."

"그럼, 정확하게 질문을 하지요. 세드리크, 청취자들에게 같은 반에 외국인 국적을 가지고 있거나 혹은 외국인인 같은 반 친구들이 많이 있는지 말씀해 주시겠어요?"

"네, 알제리, 터키, 다른 아프리카 나라들, 말리 등 여러 나라에서 온 친구들이 있어요. 아! 한국 친구도 있네요. 아마도 제가 기억하지 못하는 국적을 가진 친구들도 있을 겁니다."

"그러면 더 깊이 있는 질문을 하죠. 이렇게 '다양한 국적을 가진 친구들이 함께 만난 곳'에서 무엇을 느꼈나요? 다른 사람들과 평등하게 대우를 받는다고 느꼈나요? 아니면 최근 우리 나라로 이주해 온 사람들에게 혜택을 주지 않는다거나 그들을 잘 돌보지 않는다고 느끼나요?"

"평등하게요? 그건 아닌 것 같은데요."

"세드리크는 얼마 전에 저희 모임에 가입했습니다. 그래서 사회적으로 발생되는 문제들을 깊이 있게 파악하고 있지 않습니다."

"맥상스, 그럼 이 주제에 대한 이해를 돕기 위해서 무슨 이야기를 해 주고 싶으신가요?"

"어떤 형태로든 모든 인종차별에는 반드시 대항해야 합니다. 하지만 우리가 절대 언급하지 않는 차별이 있는데, 바로 프랑스인에 대한 인종차별이지요."

"가에탕?"

"마그레브[3] 사람들이나 아프리카 흑인들이 두들겨 맞았다면 우리는 이를 인종차별이라고 합니다. 하지만 백인이 공격을 받으면 우리는 이를 인종차별이라고 하지 않습니다. 하지

---

3 모로코, 튀니지, 알제리를 포함하는 북아프리카 지방

만 이것도 엄연히 반백인적 인종차별입니다. 저희는 이 부분을 말하고 싶습니다."

"세드리크, 할 말이 있나요?"

"음…… 하신 질문에 적합한 대답인지는 잘 모르겠는데요. 저희 반 대표 두 명 중에 라시드라는 친구가 있습니다. 저는 이것이 문제라고 생각합니다. 왜냐하면 학급 회의에서 저 같은 학생들보다 이디르나 월젠 같은 친구들을 더 보호하게 될 것이 분명하기 때문이죠."

"왜 그렇죠, 세드리크?"

"이디르나 월젠도 라시드처럼 이슬람교도이거든요!"

"자, 드디어 고민할 가치가 있는 논쟁 주제가 나왔습니다. 사실 이것은 한편으로는 유럽공동체가 내세우는 주장 때문에 위협받고 있는 각 국가만의 대표성이나, 또 다른 한편으로는 긍정적인 차별이나 다문화주의를 옹호하는 사람들이 내세우는 주장에 관한 이야기일 수도 있습니다. 세드리크가 바로 문제가 학교에서부터 시작되고 있다는 것을 우리에게 알려 준 겁니다. 잠시 후에 이 문제를 다루어 보겠습니다. 초대 손님들에게 질문이 있으시다면 언제든지 전화 주십시오. 먼저 음악을 한 곡 듣도록 하겠습니다. 우리 애청자들은 조금 당황하실 것 같지만, 가에탕이 선택한 록 음악을 한 곡 듣도록 하겠습니다!"

"여러분은 국영 라디오 방송 프로그램 'N'을 듣고 계십니다. 23시까지 장 위르뱅이 진행하는 '자유 발언대'는 계속됩니다. 애청자 여러분, 오늘 저녁 가에탕, 맥상스, 세드리크와 함께하고 있는데요. 이 세 학생 모두 조국에 관한 문화와 역사에 애착을 가지고 있습니다. 이들이 한 활동에 공감을 느끼며 요즘 이 나라에 팽배하고 있는 반프랑스적 변화에 관한 의견을 모으고 있습니다. 프로그램 후반부인 지금 청취자들과 통화를 하며 함께 이야기를 나누어 보겠습니다. 첫 번째로 퇴직을 하신 모리스 씨, 나와 계신가요?"

"네, 저는 부정행위 단속을 담당하는 공무원으로 일을 하다 퇴직을 했습니다. 저는 먼저 초대된 청소년 세 명을 진심으로 칭찬하고 싶습니다. 정말로 이런 젊은이들을 기대했었으며 진심으로 지지하는 바입니다! 이제 젊은이들이 고개를 들어야 합니다. 그래서 현재 이 나라 주요 자리에 앉아 있는, 각 도시마다 한자리 차지하고 있는 개차반들을 몰아내야 합니다. 이제 젊은이들도 다 벗어젖힌 깜둥이 여자들이 몸을 비비 꼬는 그런 텔레비전 프로그램에 질린 거지요."

"모리스 씨, 말씀 도중에 죄송합니다만, 저희가 지금 생방송 중입니다. 아무리 저희 프로그램이 '자유 발언대'이긴 하지만 일정 부분 법에서 금지한 사항들이 있는 것은 알고 계시지요?"

"뭐, 그럼 다른 프로그램이랑 똑같단 말이군요? 이 나라를 팔아먹는 파렴치하고 썩어 빠진 똥 같은 녀석들 같으니!"

"모리스 씨, 더 이상 발언권을 드릴 수 없습니다. 우리는 다른 방송에서는 발언이 금지된 분들에게도 기회를 드립니다. 그래서 몇몇 소송을 당한 적이 있다는 것을 분명히 말씀드립니다. 법은 우리에게 제한을 두고 있다는 것을 청취자들뿐만 아니라 초대 손님들도 존중해 주실 것을 부탁드립니다. 고맙습니다. 모리스 씨, 다른 질문은 없으신가요? 모리스 씨? 아, 끊어졌나 봅니다. 전화가 많이 오다 보면 종종 이런 일이 생깁니다. 거주지나 일자리 등 사회복지 혜택이 많은 세대에 걸쳐서 이곳에 살았던 프랑스인들에게 집중되는 대신에 외국인들에게 우선적으로 지원되는 것을 보면 우리는 평정심을 잃을 수도 있습니다. 방송에서는 인종차별적 발언을 금지하고 있지만, 모리스 씨가 보여 준 행동은 인간적인 모습으로 인정할 수도 있을 것 같습니다. 자, 젊은 여성 청취자로부터 전화가 왔다는 신호인데요. 엠마 양, 질문 있으신가요?"

"안녕하세요. 네, 저는 세드리크 군에게 할 말이 있습니다. 우연하게 이 프로그램을 듣게 되었는데요. 이전에는 한 번도 들은 적이 없었습니다."

"아, 그러세요! 라디오 'N'에 오신 것을 환영합니다, 엠마."

"목소리를 들으니 세드리크를 알겠더라고요. 저희는 같은 반이거든요."

"세드리크, 방송에서 팬을 만나셨군요. 엠마, 질문은요?"

"제가 세드리크에게 묻고 싶은 것은요. 자기편을 안 들어 줄 거라는 반 대표, 라시드에 대한 이야기가 도대체 무슨 말이냐는 겁니다. 저도 라시드와 함께 반 대표인데요. 학급 회의에서 보호받을 수 없도록 행동한 것은 바로 너야, 세드리크! 넌 그 어떤 일에도 관심이 없었잖아. 네 친구들이랑 코에 돼지 가면을 쓰고 도시를 행진하느라 아주 바빠서 말이야. 이런 사람들이랑 같이하는 일은 도대체 뭐니, 세드리크?"

"엠마 양, 세드리크에게 질문을 하셨으니 적어도 대답할 기회는 주어야지요! 세드리크, 가에탕과 맥상스, 두 친구가 만든 모임에 가입하게 된 동기는 무엇이었나요?"

"전 인터넷으로 이 모임에서 하는 활동에 대한 소개를 보고 이들을 만나게 되었습니다. 제 맘에 들었지요. 또 멋진 시위를 준비하고 있는 것도 알게 되었고요."

"아, 그래? 세드리크, 다른 사람들과 연합하기보다는 분리되도록 사람들을 조종하는 일을 멋지다고 생각하는구나? 서로에게 베푸는 호의에 대해 잘못된 정보를 퍼뜨리는 걸 멋지다고 생각해? 너 티에리 길에서 일어난 사건 들었니? 외국인 스무 가구 정도가 일부는 갓난아이까지 있는데도 집이 없어서 허름한 다락방에서 함께 살고 있었대. 이곳에 사는 사람들은 법적으로 문제도 없고 일하면서 세금도 내고 아이들은 학교도 가. 그런 사람들이 갑자기 불한당 소리를 듣게 된 거야. 이들이 혜택을 상당히 많이 받는 거, 그래 네 말이 맞아! 그럼 네 친구들은 뭘 원한다니, 시민 폭동, 인종 또는 종족 청소? 이런 것이 다 어디서 왔는지 알아? 제발 역사책 좀 펴 봐. 그 안에 예전 그리고 최근에 일어났던 몇몇 예가 자세히 나와 있다고. 그러면 네 사고방식을 좀 깨우쳐 나갈 수 있을 거야."

"위르뱅 씨, 이 비정상적인 극좌파 아가씨가 하는 말을 계속 들으면서 저희를 짜증 나게 하실 건가요?"

"엠마 양, 저는 가에탕 군처럼 그렇게 강하게 말할 수는 없습니다. 하지만 분명한 것은 혼자 방송을 독점하고 계신 것 같긴 합니다. 세드리크, 이 청취자에게 한 말씀하시면서 정리해 주시죠."

"엠마, 너는 뿌리부터 프랑스인인 사람들이 무엇을 느끼는지 이해할 수 없어. 이유가 뭔지 알아? 넌 바로 유대인이기 때문이야!"

"뭐라고? 너 지금 무슨 말을 하는 거니? 내가 유대인이기 때문에 나는 완전한 프랑스인이 아니란 말이야? 너, 이 역겨운 이론이 어디서부터 시작된 건지 알긴 하는 거야? 언제부터 이런 말이 나왔는지 알긴 하는 거냐고? 너는 그 나치 놈들에게 세뇌당했구나!"

"제발 그만들 하십시오. 우리 방송은 여러분이 사적인 논쟁을 하는 곳이 아닙니다. 이제 그만하겠습니다. 엠마 양, 음악 한 곡을 듣겠습니다. 분위기를 전환하기 위해서 클래식 음악 한 곡을 감상한 뒤에 다시 초대 손님들과 이야기를 하기로 하겠습니다."

　"세드리크? 뭐야, 끊어진 거야? 그래? 개자식들이 전화를 끊었군! 상관없어. 어떤 것도 내가 말하는 것을 막을 수는 없어. 세드리크, 내가 너를 볼 때마다 학교 복도, 교실, 길거리에서 널 마주칠 때마다, 넌 내 말을 들어야 할 거야. 왜냐하면, 그래, 난 유대인이고 그 잘난 뿌리 깊은 프랑스인이라는 환상을 가지고 있는 두 파시스트보다는 내가 더 많이 알고 있으니까. 그리고 도대체 무슨 뿌리를 말하는 건데? 언제까지 거슬러 올라가려는 건데? 우리 조상 시대까지? 좋아, 그럼 3백만 년 전까지? 너 알고나 있는 거야? 우리가 가장 먼저 발견한 유골은 아프리카 사람이었다는 걸. 나는 널 절대로 가만두지 않을 거야, 세드리크. 네가 만나고 다니는 사람들이 옹호하는 역사 속 거짓말들을 네 눈앞에서 다 까발려 주지. 내 말을 잘 듣고 생각할 시간을 좀 가져야 할걸. 아무 말이나 내뱉기 전에 생각할 시간을 좀 가져 보라고. 인종차별이나 반유대주의를 퍼뜨리는 것은 아주 짧은 문장으로 충분하단 말이야.

하지만 그 잔혹함을 너에게 설명하기 위해서는 난 열 배는 더 많이 설명해야만 해. 그 이유를 아니, 세드리크? 그래서 내가 이렇게 지적인 것에 도움을 받아 호소하는 거란 말이야. 너와 네 친구들이 이 라디오방송을 통해 사람들의 가장 낮은 곳에 있는 감정을 자극하고 있는 동안 말이지. 이런 이유 때문에 국영방송 라디오 'N'은 이런 독설을 퍼뜨리는 기회를 주면 안 된다고. 두려움과 무지로 가득한 독설 말이야."

🔖 엠마의 숨은 배경지식 찾기

표현의 자유와 그 한계

유럽인권조약에 명시된 제10조에서는 '모든 사람은 표현할 자유가 있다. 다시 말해 의견을 내세울 자유, 정보와 생각을 주고받을 수 있는 자유가 있다.'라고 규정하고 있어. 하지만 동일한 법을 통해 이와 같은 자유를 행사하는 데에 국가적 안전, 국토의 통합, 공공의 안전, 신체적·정신적 건강의 보호, 타인의 권한이나 명성에 대한 보호, 사법권의 공평성에 근거하는 의무와 책임을 동반한다고도 되어 있어.

프랑스에서는 표현할 자유에서 공개적인 모욕과 비방은 허락하지 않아. 또한 '출신이나 인종, 국가, 민족, 종교를 이유로 차별, 증오, 폭력'을 선동하는 것을 금지하는 것은 말할 것도 없지. 이러한 범죄는 범죄적 도발이나 살인 도구로서 추천하는 상품이나 그 방법을 광고하는 것과 마찬가지로 징역형을 받아야 마땅하다고 생각하는 거야.

검열

프랑스는 제2제정[4]이나 비시정부 때처럼 정치적으로 엄격하게 검열제도를 실시한 지는 오래되었어. 그래서 공개적인 인종차별적 발언이나 사람들 간에 증오를 불러일으키는 발언, 한 개인에 대한 명예훼손적인 발언과 관련하여 법적으로 금지하는 검열과 거짓 정보를 배포하는 검열을 혼동하지 말아야 해.

검열은 정치적 양상을 띠게 되어 있어. 특정 권력-정치, 군사, 경제, 종교-이 어떤 사실을 알려 주거나 혹은 권력에 피해를 줄 수 있는 정보를 폭로하는 걸 막아야 하기 때문이지. 이와 같은 경우 검열은 법과 상관없이 실시되지만, 사실 이런 검열도 진실을 말하는 것을 막지는 못해.

진실을 비밀에 부침으로써 이익을 볼 수 있는 사람들은 그 진실이 대중에게 공개되는 것을 막으려고 '압력을 행사하는' 어떤 검열을 할 수도 있어. 이 같은 압력은 경제적인 경우가 많아서 신문사의 경우 예산 중 광고 수입에 의존하는 비중이 크지 않을 때 더욱 독립적일 수 있지. 예를 들면 프랑스 원자력 그룹 아레바Areva사에 의존하는 신문사에서는 원자력 에너지에 반대하는 조사를 기사화할 가능성은 거의 없다는 이야기야!

4 루이 나폴레옹이 제위에 오른 후부터 프로이센과 프랑스 사이에서 일어난 전쟁에서 그가 포로가 된 직후까지 지속된 프랑스의 정치체제

한편 오래전에 감옥에서도 언론 검열이 행해졌어. 감옥에 수감된 죄수들에게 신문을 배포하기 전에 일부 기사들을 교도관들이 잘라 냈었지. 이와 같은 관행은 1981년 이후에서야 사라졌으며 같은 시기에 감옥 내 텔레비전 시청도 허락이 되었어.

자기 검열, 자기 규제

오늘날 프랑스에서는 검열을 피하는 것이 상대적으로 쉬워졌어. 비방이나 조롱하는 수준을 넘지만 않는다면 진정으로 표현을 할 자유가 법으로 허락되어 있기 때문이야. 그와 함께 소수의 사람이 낸 의견이나 나와 다른 의견을 받아들여야 한다는 두려움과 의견 일치를 봐야 한다는 염려 때문에, 자신이 주장하는 의견이 다수에 의해 받아들여질 수 있도록 스스로 노력하게 되었지. 이제부터는 자기 검열이 중요해진 거야.

이와 관련한 실제 사례들은 많아. 1990년, 전 세계 거의 모든 사람이 이라크 전쟁을 지지했지만 전쟁 이후에 벌어질 일들로 인해 반대하는 사람들도 소수 있었어. 하지만 미국이 독단적으로 결정한 봉쇄정책[5]으로 인해 1990년대에 이라크 아이들 50만 명이 사망했어.

또 2003년 유엔 감시원들이 이라크에서 어떤 대량 살상 무기도 발견하지 못했다고 발표했을 때 그 반응은 그다지 크지 않았어. 하지만 존재하고 있다고 잘못 주장되었던 이 무기들이 바로 전쟁을 일으키는 명분이 되었고, 이 때문에 이미 수십만 명에 달하는 민간인 희생자들이 생겼는데도 말이야. 예전에 그랬듯이 이번에도 사담 후세인에 반대하는 의견들은 전 세계적으로 모아졌고, 이 이라크 독재자의 적인 미국에 대한 비판을 조금이라도 하기보다는 스스로 알아서 자기 검열을 하려고 하는 나라들이 더 많다는 것을 보여 주었지.

모든 사람을 위한 신문?

정보를 얻는 것은 정치적, 사회적, 경제적 나아가 윤리적으로 올바른 선택을 하게 도와주는 가장 좋은 수단 중 하나이지. 사실 텔레비전도 있지만 종이 신문이 제공하는 것과 비교하면 그 정보는 그다지 다양하지 않은 편이야. 그런데 다음 표처럼 의견을 지면화하는 언론에 대한 전 세계적 수치들은 때때로 경종을 울리고 있어.

이외에 글을 읽을 수 있는 국민 중 얼마나 많은 사람이 일간지를 읽는지를 측정하는 지표도 있어. 이 수치에서는 프랑스와 벨기에에서 1천 명당 약 2백 명이 매일 일간지를 읽는다고 보여 주고 있어. 러시아 1백 명, 인도 174명, 독일 3백 명 이상, 덴마크 450

---

5 일정한 정치·군사·경제 따위의 목적을 추구하기 위해 어떤 나라나 지역을 봉쇄하는 정책

국가	인구 1백만 명당 일간지 기사 수
에티오피아	0.03
아프가니스탄, 알제리, 방글라데시, 중국, 쿠바, 일본	1개 미만
프랑스, 이탈리아	1.6
러시아	1.7
영국	1.8
벨기에, 브라질	2~3
캐나다	3.2
독일	4.2
미국	5
덴마크	6.4
스웨덴	10
스위스	12
노르웨이	16

명 이상, 스웨덴과 스위스 5백 명 이상, 노르웨이 650명 이상이었어. 그런데 일부 국가에서는 최근 갑자기 그 수치가 줄어들었다고 해. 영국의 경우 2001년을 기준으로 인구 1천 명 중 4백 명이 일간지를 읽었는데 2005년에는 350명도 되지 않았다는 거야. 우리나라 신문 가구 정기 구독률 변화 추이를 살펴보면 1996년 69.3퍼센트였던 수치가 매년 하락하면서 2000년 들어 59.8퍼센트로 가장 최근 조사치인 2010년에는 29퍼센트까지 하락했다. 이것은 신문 기사를 종이 신문 외에 다양한 방식-인터넷 포털 사이트, 스마트폰 등-으로 접근할 수 있다는 것이 원인으로 작용했다.

출처:한국 언론 진흥 재단, 2010년도 언론 수용자 의식 조사

인터넷을 통한 정보

전 세계 인구 가운데 약 90퍼센트가 텔레비전과 인터넷에 접근이 가능할지도 몰라. 이것은 지구 주변을 돌고 있는 인공위성 덕분이지. 하지만 여기에서도 불평등은 계속 존재할 뿐만 아니라 더욱 심화되고 있어. 인터넷 사용 비용은 유럽이나 북아메리카에 있는 사용자들보다 아프리카 대륙에 있는 사용자들이 몇 십 배를 더 부담하고 있거든. 또한 인터넷에서 사용하는 언어도 방해 요소가 되고 있어. 영어를 모국어로 사용하는

사람들은 전 세계 인구들 중 5퍼센트 정도밖에 되지 않지만 인터넷상에 있는 콘텐츠는 약 50~70퍼센트가 영어로 되어 있으니까. 따라서 개발도상국이나 신흥 개발국 국민이 전 세계 인구 가운데 약 90퍼센트를 차지하는데 그중에서 인터넷을 사용하는 사람들은 3분의 1도 안 된다는 거야. 방글라데시에서는 100명 중 0.3명만이 인터넷을 사용하는 반면에 덴마크, 네덜란드, 노르웨이에서는 이 비율이 100명 중 85명까지 이르고 있지.

국제 전기 통신 연합ITV 기준, 인구 1백 명당 한국의 인터넷 이용자 수를 연도별로 살펴보면 2006년 78.1명, 2007년 78.8명, 2008년 81명, 2009년 81.6명, 2010년 83.7명, 2011년 83.8명으로 꾸준히 늘고 있다.

'관용'이 '억압'과 짝을 이룰 때

철학자 허버트 마르쿠제(1898~1979)는 모든 인간을 제어하고 억압하고 강압하는 모든 것과 싸우려고 했었대. 그래서 그는 자신이 쓴 평론 《억압된 관용 Repressive Tolerance》에서 다음과 같은 역설에 관심을 보였어. '관용을 베풀지 않는 사람들에게도 관용을 베풀어야 하는가? 이는 풀기 어려운 문제이다.' 마르쿠제에 따르면 관용은 억압을 도울 수 있다고 해. 우리는 우리와 다른 것에 대해 관용을 베풀 수 있고, 또 그래야만 한다는 것이지. 하지만 이와 같은 관용이 우리를 억압하게 될 때까지 확대할 이유는 없다는 거야. 이는 결국 관용 자체가 사라져 버리는 결과를 가져올 테니까. 따라서 마르쿠제는 그 기준은 강압에 의해 만들어지는데 사회에 존재하는 모든 관용을 파괴하는 데 사용되는 것에 대해서는 관용이 필요 없으며 완전한 관용에 대한 논쟁은 결국 일종의 억압적 관용이라고 할 수 있다고 주장했어.

6장
우리 집에 초대할 수 있는
사람은 누구일까?

우리는 우리가 원하는 누구든 집에 초대할 수 있을까?
부모님, 친구들, 친구의 친구들……,
그런데 만약
피난처를 찾고 있는 사람이라면?
불법 체류자라면?
경찰이 찾고 있는 사람이지만
부당하게 피해자가 되었다는 것을 알기
때문에 어떻게든 돕고 싶은 사람이라면?
또 아주 단순하게 두려움에 떨며
어디로 가야 할지 모르는 사람이라면?

얀 이야기

집에 불법 체류자가 있다고?

어제 저녁 나는 MSN으로 티나에게 이상한 메시지를 받았
다. 티나는 상당히 불안해 보였다.

"얀, 나 정말 무서워."

"뭐가 무서운데?"

"우리 엄마."

"무슨 일인데?"

"너도 알다시피 우리 엄마가 정치나 노동조합에 관련된 일
에 아주 많이 참여하시잖아."

"그렇지. 네 엄마도 약간 우리 아빠랑 비슷하신 것 같더라.
두 분 다 혼자시니 우리 두 분 좀 만나게 해 드려야 하는 거
아니야, 친구!"

"농담하지 마, 난 심각해. 너…… 아무한테도 말하지 않겠
다고 맹세해야 해. 얀?"

"약속해."

"엄마가 불법 체류자 한 명을 집에 머물게 하려고 하는 거 같아."

"뭐?"

"우리 엄마가 나한테 소개해 주셨어. 오늘 저녁에 우리 집에 와서 함께 저녁 식사를 했거든."

사실 나는 그다지 놀라지 않았다. 학교 학부모 총회에서 티나 엄마를 만났던 라시드가 말하길 아무것도 두려워하지 않는 분이며 정당하다고 믿는 것은 반드시 하실 것 같은 분이라고 이야기해 주었기 때문이다. 결과는 중요하지 않다. 본인이 도움이 필요한 사람을 집에 머물게 해야 한다고 생각하셨다면 아무도 그분을 막을 수 없을 것이다. 티나는 그 불법 체류자가 파키스탄에서 온 사람이라고 말해 주었다. 이름은 쿠마르, 나이는 한 30세 정도인 것 같고 영어를 사용하는데 이제 프랑스어도 배우기 시작했단다. 나는 잔뜩 긴장한 티나를 좀 풀어 주기 위해 키보드를 두드렸다.

"넌 영어로 말했어, 불어로 말했어? 너 영어 좀 늘겠는데?"

티나는 답이 없었다. 상상하건대 그다지 웃는 얼굴은 아닌 것 같다.

"쿠마르는 아주 똑똑한 사람이야. 우리 엄마가 영불 사전을 한 권 사 주었거든. 가장 필요한 단어들을 공부하라고."

"그게 가능해?"

"응, 벌써 꽤 많이 배운 것 같아. 이미 세 개 국어를 하는걸. 모국어인 우르두어랑 독일어, 영어."

"존경스럽다! 다 어디서 배웠대?"

"영어는 자기 나라에서 고등학교랑 대학교에 다닐 때, 그리고 독어는 독일에서!"

티나 엄마가 말해 주길, 쿠마르는 우리가 이해하기에 약간 난해한 이유로 파키스탄에서는 직업을 구할 수 없다고 했다. 어찌 되었든 쿠마르는 그가 살았던 작은 마을에서 약간 동떨어진 사람이었던 것 같다. 아마도 좀 뛰어났던 학식 때문에 마을 사람들이 그를 좋아하지 않았을지도 모르고. 무엇보다 쿠마르는 신을 믿지 않았다! 그곳에서는 절대로 환영받지 못할 일이다. 그래서 쿠마르는 다른 먼 곳, 이곳 유럽에서 직업을 찾기 위해 떠나왔단다. 전형적인 방법이다. 3년 전 독일에서 한 친척이 일자리를 찾아 주었는데 불법으로 입국했었기 때문에 비자를 절대로 받을 수가 없었던 것이다. 결국 슈튜트가르트에서 해고된 그는 프랑스로 오게 된 것이다.

나는 티나에게 물었다.

"그럼 일자리는 찾았대?"

"식당에서 설거지하고 있어. 얀, 믿을지 모르겠지만, 그는 여기서 파키스탄 대학 교수들보다 열 배를 더 벌고 있다네!"

"그런데 뭐가 문제야?"

도대체 무엇이 티나를 두렵게 하는 걸까? 티나 엄마가 이 남자를 집에 들이면서 도움을 주는 것이 문제 될 것 같지는 않다. 어찌 되었든, 티나 엄마도 자기 집에서 자신이 원하는 걸 하는 것이다.

"문제는 불법 체류자를 집에 들이는 것이 불법이래."

"확실해?"

"우리 엄마 말씀이야."

"진짜로! 티나, 너희 엄마 진짜 짱이다! 엄마가 금지된 일을 하시면서 그걸 또 너한테 불법이라고 말씀하시다니. 진짜 짱~~~~인걸!"

"엄마는 나에게 왜 그래야만 하는지를 설명해 주셨어. 엄마는 사람들이 전 세계를 자유롭게 다닐 수 없는 게 짜증 나신 다는 거야."

"그러니까 너는 이 사람 때문에 너희 엄마에게 문제가 생길까 봐 무서운 거구나?"

"바로 그거야."

티나가 불안해하는 것은 이런 이유 때문이었다. 이전에도 티나 엄마가 감옥에 갇힐 뻔한 적이 있다고 했다. 그래서 집에 혼자 남는 것을 상상했단다. 더 끔찍한 것은 보호 가정에 보내질 뻔했다는 것이다. 완전 최악이다. 우리 아빠가 얼마 전에 말씀해 주신 어떤 이야기가 생각난 것은 이쯤이었다. 아빠는 15년쯤 전에 '무장 투사'인 정치범들과 연락을 취하려고 결심을 하신 적이 있었다. 그들은 우리 아빠처럼 약간 무정부주의자들이었는데 모두 이탈리아 사람들이었다고 하셨다. 아빠는 투옥되어 있는 그들을 격려하고 정치적 견해를 나누고자 그들에게 편지를 쓰셨다. 그런 뒤 어느 날 저녁 꽤 늦은 시간에 한 사내가 우리 집을 찾아왔다. 그 당시에는 엄마와 함께 살고 있을 때라는데 내가 아주 어렸을 때라 전혀 기억이 나지 않는다. 그 사내는 우리 집 문을 두드렸고, 아빠가 문을 여셨을 때는 한 번도 본 적이 없는 사람이 서 있었다. 그는 아주 강한 이탈리아 억양으로 아빠에게 이렇게 말했다.

"당신이 장 클로드입니까? 저에게 당신 주소를 준 사람은 귀도입니다."

귀도는 우리 아빠가 편지를 보냈던 무정부주의자들 중 한 명이었다. 그리고 우리 집 문을 두드린 사람은 이 조직원 중 한 명이었던 것이다. 아빠는 금세 이 남자가 밤을 보낼 안전한 곳을 찾고 있다는 것을 알아챘다. 그래서 그를 집 안으로 들어오게 했다.

"고맙습니다. 저는 조반니라고 합니다. 저는 도망치고 있습니다. 지금 떠나라고 하셔도 됩니다. 부인과 아들도 있는데 위험을 무릅쓰고 싶지 않으신 것 다 이해합니다."

이 남자는 25년형을 선고받았단다. 그리고 조건부 자유를 얻어서 매일 저녁 로마 감옥에 있는 자기 방에 돌아가 잠만 자면 되었다. 아직도 이렇게 5, 6년 정도 더 복역해야 하는데, 어느 날 신경질이 나서 감옥으로 돌아가지 않고 도망을 쳤단다. 프랑스로.

나는 이 사람이 정말 어리석게 느껴진다고 아빠에게 말했었다. 이미 20년이나 감옥에서 살았고 이제 5년만 더 참으면 되는데 하룻밤을 참지 못해서라니⋯⋯. 아빠는 우리가 20년을 감옥에서 살아 보지 않았기 때문에 그렇게 살았던 사람이 어떤 입장인지 알 수 없다고 말씀하셨다.

나는 이 이야기를 티나에게 말해 주었고 티나는 자세하게 물었다. 나는 내가 알고 있는 아주 적은 내용을 이야기해 주었다. 아빠가 말씀하시길, 조반니는 혁명적 공산주의자들 수백 혹은 수천 명이 속해 있는 조직인 붉은 여단Red Brigades을 이끄는 군사 종대장이었단다. 붉은 여단은 1978년 이탈리아에서 유명한 정치인 알도 모로를 살해한 조직이었고 그 일로 1980년대 초에 조반니가 체포된 것이었다. 감옥에서 조반니는 귀도를 만나게 되었고 이들은 서로 마음이 통했다. 정치적으로 무정부주의자들은 공산주의자들이 아니기 때문에 엄밀히 말해 두 사람은 같은 길은 아니었지만 분명 감옥에서 주고 받은 일부 의견들, 예를 들면 혁명하는 방법 등에 서로 공감했을 것이다. 조반니는 자신은 알도 모로 살해에 반대했었다고 아빠에게 말했다고 했다. 모든 붉은 여단 조직원들이 모여서 그를 죽여야 하는지 아닌지를 놓고 결정했는데 조반니는 반대했다고.

내가 이야기를 마쳤을 때 티나는 이런 이야기를 듣는 것에 그다지 놀라는 것 같지 않았다.

"거봐, 네 아버지랑 우리 엄마랑 안 만나신 게 천만다행이라니까!"

"네 말이 맞네, 티나! 우리는 이분들을 더 이상 감당하지 못했을 거야. 아마 두 분이서 혁명을 일으켰을지도 몰라!"

"그 남자는 오래 있었어?"

"아니, 그다음 날 떠났어."

"그러고는?"

"아버지가 그 이야기는 더 이상 안 하시더라고."

우리는 이야기하는 것을 잠시 멈추었다. 서로 생각할 시간이 필요했다. 그러다가 먼저 말을 꺼낸 것은 티나였다.

"얀, 너는 감옥에서 탈출한 사람을 집에 숨겨 주는 게 옳다고 생각해?"

나는 어떻게 대답해야 할지 잘 몰랐다. 아빠가 나에게 이런

저런 설명을 하실 때 이해가 되는 것도 있고 또 그렇지 않은 것도 있었기 때문이다. 아빠는 20년은 아주아주 긴 시간이고 조반니는 살인자가 아니며 붉은 여단은 피아트 공장에서 일하는 파시스트 작업반장들 다리에만 총을 쏜 적이 있고 다른 사람들은 죽인 적이 없다는 등 그런 이야기를 해 주셨다.

"어쨌든 진짜 무식한 방법이긴 하잖아. 그렇지?"

"나도 그렇게 생각해."

"그들은 알도 모로를 죽였어."

아빠가 진짜 살인자를 집에 숨겨 주신 것은 아니었을 거다. 조반니는 어쨌든 자신은 살인에 반대했던 사람이었다고 주장했었으니까. 하지만 어쩌면 사실이 아닐지도 모른다. 그리고 자신은 반대했다는 것만으로 정당해질 수 있는 걸까? 나는 더 이상 어떻게 생각을 이어 가야 하는지 혼돈스러웠다. 나는 우리 아빠를 알고 있다. 아빠가 미친 사람도 테러리스트도 아니라는 것을 안다.

나는 티나에게 글을 보냈다.

"혁명가나 도주자 같은 사람이 오늘 밤 우리 집 문을 두드린다면 우리는 어떻게 해야 하는 걸까? 나는 모르겠어. 그리고 만약 그 사람이 불법 체류자라면?"

"나도 모르겠어. 어쨌든 이 이야기를 나한테 해 준 건 잘한 일이야."

"왜, 티나?"

"간단히 말하면 이제는 우리 엄마를 좀 더 이해할 수 있게 되었거든."

"???"

"엄마는 살인자를 집에 머물게 하진 않으실 거야. 하지만 불법 체류자니까 들이시는 것이지. 똑같은 상황이 아니잖아."

"그럼 넌 네 엄마가 옳다는 말이야?"

"그건 엄마가 한 선택이고 난 그 선택을 존중할래."

나는 우리가 지금까지 한 토론이 이렇게 결론이 나서는 안 된다는 것을 알았다. 문득 나는 아빠가 나에게 읽어 보라고 권해 주신 책에서 한 페이지가 생각났다. 나는 책꽂이에서 그 책을 찾아 생각해 둔 페이지를 펼친 다음 티나에게 그 글을 보내 주었다.

나는 반항한다. 그래서 우리가 존재한다.

그리고 다음에 또 썼다.

우리는 우리 존재를 만들어 가기 위해서 살고 또 살도록 해야만 한다.

"이 글은 카뮈가 쓴 평론서인데 잘 알려지지 않은《반항적 인간》이라는 책이야. 내가 빌려 줄게."

"그래, 내일 보자, 얀."

"굿 나잇, 부오나 노떼. 너 나한테 우르두어 좀 배워야 되지 않겠냐! 친구."

안의 숨은 배경지식 찾기

난민은 누구일까?

유엔 난민 고등 판무관실UNHCR에 따르면, 난민은 '인종, 종교, 국적 같은 이유 혹은 특정 사회단체나 정치적 의견에 동조한다는 이유로 박해받는 것이 두려워서 조국을 떠났으나 이와 같은 두려움 때문에 조국에 보호를 요청할 수도 없고 또 요청하기도 원하지 않는 사람들'(1951년 난민 지위에 관한 협약)이라고 명시했어.

난민에 대해, 망명 신청자는 '난민이라고 말하지만 그 요구가 정확한 방식으로 조사되지 않은 사람'이라고 했고 이주민들은 '경제적인 이유로 인해 순전히 본인 의지로 조국을 떠나 자신과 가족이 더 나은 미래를 준비할 수 있게 하고자 이주한 사람들'이라고 했어. 반대로 난민 스스로는 '삶과 자유를 보전하기 위해서 이주해야만 하는 사람들'이라고 했지.

사회연대 범죄

프랑스 법은 다음과 같이 전혀 모호하지 않고 분명하게 밝히고 있어. '외국인의 프랑스 국토 내 변칙적인 입국, 통행 혹은 체류를 직·간접적인 도움을 통해 용이하게 하거나 이와 같은 시도를 하는 모든 사람은 실형 5년과 벌금형 3만 유로를 받게 된다. 또한 위 문장에서 정의한 죄를 범한 사람은 그 국적을 막론하고 1990년 6월 19일에 체결된 셴겐 협정Schengen Agreement에 서명한 프랑스 외 다른 국가들에 머문다 할지라도 동일 형을 받게 한다. 또한 1990년 6월 19일 셴겐 협정에 속한 다른 국가 영토에도 외국인이 변칙적인 입국, 통행, 체류를 용이하게 하거나 도우려는 시도를 한 사람들에게도 동일한 형이 부과된다.'

난민권

난민권은 고대에서 그 기원을 찾을 수 있어. 아주 다양한 이유로 추격을 당한 사람들에게 그리스와 로마에서는 정해진 기간 동안 숨을 곳을 찾을 수 있게 해 주었는데, 이 권리가 발전하여 정치적 망명권이 된 거야. 1948년 세계인권선언에서는 분명히 밝히고 있어. '박해 앞에서 모든 사람은 은신처를 찾으며, 다른 국가에서 보호받을 권리가 있다.'라고.

프랑스는 모든 종류의 정치적 망명자, 수많은 국가의 혁명가들, 예를 들면 1973년 피노체트 장군이 쿠데타를 일으킨 이후 칠레 사람들뿐만 아니라, 아야톨라 호메이니[1]와 자국민에게 쫓겨난 많은 아프리카 독재자들까지도 받아들인 것으로 유명했지.

그래서 프랑스는 세계적으로 가장 많은 망명자를 받아들이는 국가로 여겨졌지만, 이제는 그렇지 않아. 2009년 초기 프랑스에는 망명자 16만 명 및 망명 신청인[2] 3만 3,700명이 집계되었어. 하지만 독일에는 58만 2천 명, 영국에는 29만 2천 명, 미국에는 27만 9천 명, 캐나다는 17만 3천 명으로 망명자가 프랑스보다 더 많은 것으로 조사되었거든.

고대부터 내려온 망명의 전통도 위협받고 있어. 정치적 망명자들이 자신들이 박해를 받아 온 희생자인 것을 증명하기가 점점 더 어려워지고 있다는 얘기야. 각 나라 정부들은 망명 신청인들의 조국과 어색한 관계가 되는 것을 원하지 않아서 망명 요청을 거부하는 일이 종종 일어나기도 하니까. 하지만 한 사람이 정치적 망명 지위를 획득했을 경우, 이 사람은 자신을 받아 준 국가에서 어떤 형태로든 정치적 활동을 포기해야 해. 망명 권리를 보호받기 위해서는 이 같은 보호만으로 충분한 것이지.

---

1 이란 혁명 이후 이란에서 분리되지 않은 권력을 잡아 이슬람 혁명을 지휘한다.
2 망명인 지위를 기다리는 자들로 기준이 점점 더 엄격해지기 때문에 이들이 허가를 받을 수 있다는 보장은 없다.

9장

믿을 수 있는 자유 혹은
믿지 않을 수 있는 자유?

신앙의 자유는 아마 과학적 사실과 대립될 수도 있지 않을까?
어떻게 입증된 사실을 보여 주는 말들과
단지 신앙과 관련된 말들을 구분할 수 있을까?
타인에게 자신이 믿는 신앙을 강요하려는 사람들로부터
보호막을 칠 수 있는 충분히 보편적이고 효과적인 수단이 있을까?
또 과학적 사실과 종교적 신앙이 완전하게
분리될 수 있는지를 상상할 수 있을까?

조슈아 이야기

나는 믿는다, 너도 믿는다, 그는 믿지 않는다

크리스티앙 선생님께

선생님께서 보시기에 제 편지가 좀 많이 길고, 또 잘 쓰지
도 못한 것이겠지만 이 편지를 읽으실 시간이 있으시기를 바
랍니다. 무엇보다 학업과 관련 없는 문제로 선생님께 직접 편
지를 쓰는 것에 놀라지 않으시길 바랍니다. 사실 어떤 면에서
는 수업 중 일어난 사건과 관련이 있기도 하고, 또 제 담임 선
생님이시니까 제게 답변을 주실 가장 적합한 분이라고 생각
하여 이렇게 편지를 씁니다. 이것은 벨자카르 선생님이 지도
하시는 생명과학 수업 시간에 일어난 일입니다. 혹시 교무실
에서 이 작은 사건에 관해 들으셨는지는 모르겠습니다. 하지
만 확실한 것은 선생님께 한시라도 빨리 알리는 것이 좋겠다
는 것입니다. 그래야 하나도 잊어버리지 않고 가능한 자세하
게 쓸 수 있을 테니까요. 또 선생님 앞에서 이야기하는 것보다

덜 부끄러울 것 같아서 이렇게 글을 통해 사건에 대한 제 입장을 알려 드리고 싶었습니다. 어쨌든 이런 방법으로도 쉬운 일은 아니어서 도대체 제 문장들은 풀리지 않고 꼬여만 가네요. 선생님께서 이 편지를 이해하실 수 있을지 걱정이 됩니다.

어제 오후 생명과학 수업 시간에 벨자카르 선생님께서는 우리가 필기할 내용을 불러 주고 계셨습니다. 당시 제가 적은 내용을 정확하게 다시 써 보겠습니다. '척추동물들은 해부학적으로 공통점을 보이는데, 이것은 공통된 조직도가 나타나기 때문이다. 각 단계에서 조직 간에 유사성도 보이는데, 즉 세포, DNA 분자, 기관들은 각 종들 간에 공통된 기원이 있다는 이론을 도출하게 만든다.'

우리 반 친구 이디르가 벨자카르 선생님께 허락도 받지 않고 말을 던진 것은 바로 정확하게 이 순간이었습니다.

"선생님, 제가 선생님 말씀을 잘 이해했다면 사람, 개, 심지어 쥐까지 모두 같은 조상을 가지고 있다는 말인데요. 이게 확실하다면 선생님께서는 제가 믿는 종교를 완전히 박살 내시는 건데요. 전 이 내용을 제 공책에 쓸 수 없습니다."

벨자카르 선생님께서는 전에 한 번도 보지 못했던 외계인을 방금 교실에서 발견한 것처럼 눈을 휘둥그레 뜨셨습니다. 아무 말도 없이 꽤 오랜 시간을 어떻게 반응을 해야 할지 고심하는 것 같았습니다. 벨자카르 선생님께서는 결국 '망신이

나 주고 넘어가자.'라는 방법을 택하셨는데 제 생각에는 그다지 좋은 방법은 아니었던 것 같습니다.

"아주 좋아, 이디르. 이 분야에 대한 네 연구는 다른 결론을 도출할 수 있을 것 같구나. 그럼, 우리에게 설명해 줄 수 있겠니? 아니면, 과학 아카데미에 네 논문을 제출해야 하니 네 논문을 마칠 때까지 기다려 줘야 하나?"

"무슨 논문이요, 선생님? 저는요, 모든 것을 창조하신 것은 하느님이라고 믿는 건데요. 그게 다예요."

이제 벨자카르 선생님께서는 더 이상 농담조로 대화를 오래 이어 갈 수 없을 정도로 얼굴이 빨개지셨습니다.

벨자카르 선생님께서는 평정을 잃지 않으려고 애쓰면서 말씀하셨습니다.

"지금은 과학 수업 시간이란다. 확실한 과학! 그리고 과학은 네가 믿든 안 믿든 전혀 관심이 없어, 이디르. 과학은 사실과 현상을 객관성을 가지고 보여 주고 증명하고 그리고 분석하지. 신앙은 그것과는 아무 상관이 없단다. 어쨌든 '믿다'라는 동사는 바로 무식한 사람들이 가장 잘 사용하는 것이지."

이디르는 우리 모두 이 말을 제대로 들은 것인지 확인하려는 듯 주변을 둘러보았습니다. 벨자카르 선생님께서는 학생을 전혀 존중하지 않고 이디르를 박살 낸 것이었습니다. 차라리 이디르가 뺨이라도 한 대 맞았더라면 그 결과는 덜 심각했을 것입니다. 이제는 상황이 더 심각해질 위험에 빠졌습니다. 저는 이 순간 왜 이 상황에 동참하고 싶었는지 알 수가 없습니다. 이날까지 저는 제가 어떤 가정환경에서 살고 있는지 아무도 의심하지 못하도록 모든 일을 해 왔었거든요. 저는 항상 생일이 여름방학 중에 있는 체하면서 우리 집에서는 아무도 생일 파티를 하지 않는다는 것을 말하지 않으려고 했습니다. 또 저에게 축제, 어버이날, 설날, 크리스마스 같은 날들은 다른 날들과 별반 다를 것 없는 똑같은 하루일 뿐이라는 것을 감추어 왔습니다. 저는 파티나 댄스장에 갈 수 없고 여학생과 외출하는 것, 운동 클럽에 가입하는 것도 금지되어 있으며 수혈도 거부해야 한다는 것을 말한 적이 단 한 번도 없습니다. 제가 숨겨 왔던 이 모든 것은 제가 입을 벌리면 모두 폭로될 거라는 것을 알았습니다. 그런데도 저는 제가 말하는 것을 막을 수가 없었습니다. 아마도 너무 오랫동안 입을 열지 않았기 때문인 것 같았습니다.

"선생님, 질문이 하나 있습니다. 그런데 언제 인간이 지구에 나타났습니까?"

벨자카르 선생님께서는 당황하셔서 잠시 저를 쳐다보셨습니다. 제가 이디르와 같은 종류가 아닌지 스스로 묻고 생각하고 계신 것이 분명했습니다.

"글쎄다, 조슈아. 최초 영장류는 약 4백만 년 전에 나타난 것으로 이야기된단다. 하지만 2002년에 차드 북쪽에서 투마이 해골을 발견하게 되면서 최초 출현 시기는 최소 7백만 전으로 거슬러 올라갔지. 호모사피엔스는 현재 우리가 속한 종으로 보고 있는데……."

저는 감히 벨자카르 선생님께서 말씀하시는 도중에 끼어들었습니다.

"저희 부모님은 지구는 약 6천 년 전부터 있었다고 주장하세요. 부모님께서는 저도 그렇게 믿기를 요구하시는데 전 그때 뭐라고 해야 하나요, 그분들이 무식한 건가요?"

갑자기 온 교실에 웃음이 터져 버렸습니다. 심지어 이디르도 화가 났던 것을 다 잊고 포복절도하며 웃었습니다. 저는 잠시 누군가가 내뱉은 신랄한 말 때문에 이들이 모두 웃고 있다고 생각했었습니다. 그런데 아니었습니다. 이 아이들은 나를 조롱하고 있었습니다.

이 상황을 유쾌하게 보지 않는 유일한 사람은 바로 벨자카르 선생님뿐이셨습니다. 벨자카르 선생님께서는 교탁을 손바닥으로 엄청 세게 내리치면서 소리치셨습니다.

"아니, 아직도 이 난리 중인 거야! 너희 지금 뭐 하는 거야? 여긴 미친 사람들 소굴인가? 너희는 오늘 방과 후에 남아서 나와 함께 진한 시간을 좀 보내 보자. 알았지? 그리고 조슈아, 방과 후에 남는 것은 네 종교에서 금지한 사항은 아니겠지?

다행이구나. 모두 네 시간 방과 후 활동을 하게 될 거야."

크리스티앙 선생님, 모든 일은 이렇게 된 것입니다. 제가 이 문제를 선생님께 알려서 약은 짓을 하려는 것은 절대 아니라고 맹세할 수 있습니다. 제가 아무리 혼자 고민해 봐도 답을 찾을 수 없기 때문입니다. 저는 바보가 아닙니다. 저도 우리 부모님께서 믿으시는 것이 논리에 맞지 않는다는 것을 잘 압니다. 제 부모님께서는 '세계 제 칠 일의 증인'이라는 종교를 믿으십니다. 제가 이 문제를 부모님과 이야기하면, 즉시 신도들은 저희 집으로 모여들 것입니다. 그리고 저는 일주일에도 며칠씩이나 '모임'에 참여해야 할 의무를 부여받을 것입니다. 왜냐하면 학교에서 제 머릿속에 심어 놓은 사탄에 관한, 가득한 생각을 모두 꺼내 버려야 하기 때문입니다. 저는 경전을 읽고 또 읽고 오직 경전만 읽어야 할 것입니다.

바로 이런 것이 저를 숨 막히게 하고, 그래서 저는 아무것도 할 수가 없습니다! 하지만 제가 가장 걱정하는 것은 바로 오늘 방과 후 남아야 하는 네 시간입니다. 저는 어떤 결과가 생길지 두렵습니다. 저는 이것을 부모님께 숨길 수가 없습니다. 집 밖에서 제가 무슨 일을 하는지 시간마다 부모님께 알려야 합니다. 완전히 감시받는 것이지요. 그럼 왜 남게 되었냐고 물으실 테고 제가 수업 시간에 바보짓을 해서 그렇다고 말하게 되면 저는 그 어느 때보다도 더 열심히 모임에 참석해

야 할 것입니다. 만약 진실을 이야기한다면 상황은 더 심각해
질 것입니다. 저희 부모님께서는 제가 원하는 것을 믿도록 자
유롭게 내버려 두지 않을 거고, 즉시 제 학업을 중단시키실
것입니다. 제 부모님과 같이 '세계 제 칠 일의 증인'을 믿는
신도 중 한 분 역시 두 아이들에게 실제로 그런 적이 있습니
다. 그분은 아이들을 미국에 있는 증인 교육 센터로 보냈습니
다. 얼마 뒤에 그 아이들이 다시 돌아왔을 때는 완전히 로봇
처럼 변해 있었습니다. 저는 그 아이들같이 되고 싶은 생각이
없으며 그냥 평범하게 이웃을 전도하며 돈이나 벌고 살고 싶
습니다. 저는 방과 후에 남아야 하는 이 네 시간을 어찌해야
할지 모르겠습니다. 잘못하면 전 학교로 다시는 돌아오지 못
할 위험에 있습니다. 왜냐하면 부모님께서는 벌써 여러 차례
학교를 그만두라고 말씀하셨기 때문입니다. 하지만……

그래서 선생님께 조언을 듣고자 이 편지를 쓰는 것입니다.
하지만 어쩌면 제 입장이 옳지 않을 수도 있을 것입니다. 그
렇다면 선생님께서는 이것이 저와 제 가정에서 일어난 문제
일 뿐이라고 말씀해 주셔도 됩니다. 그리고 전혀 신경 쓰지
않으셔도 됩니다. 하지만 이 상황을 분명하게 이해하고 저를
도와주실 분은 선생님 말고는 아무도 없습니다. 제 문제에 대
해 이야기할 수 있는 친구가 저희 반에도 그 어떤 곳에도 아
무도 없습니다. 만약 선생님께서 친구네 집에 가는 것이나 친

구들이 집에 오는 것을 금지당했다면 아마 그냥 혼자 계셔야 하겠지요. 마찬가지로 저도 제 가족 밖으로는 더 이상은 벗어날 수가 없을 것 같습니다. 제 아버지를 포함한 모든 가족이 다 같은 신도들이라 그들밖에 본 적이 없습니다. 심지어 신도가 아닌 제 외할머니와 외할아버지와는 만나는 것이 금지되어 있어서 아직 살아 계시는지조차도 알지 못합니다. 저는 점점 집을 떠나는 것이 더 좋겠다는 생각도 합니다. 차라리 노숙자가 되어 길에서 살면 자유로울 테고, 저와 비슷한 친구들도 만날 수 있겠다는 생각을 하기도 합니다.

존경하는 크리스티앙 선생님, 제 편지에 답장이 있기를 기대해 봅니다. 하지만 그렇지 않더라도 다 이해합니다. 제 문제로 시간을 많이 빼앗고 선생님을 불편하게 해 드려서 정말 죄송합니다. 무엇보다도 선생님께서 제가 단지 방과 후에 네 시간 남아야 하는 것을 피하기 위해 이 모든 이야기를 만들어 냈다고 생각하지는 않으실지 걱정입니다.

선생님께 진심으로 감사드리면서 편지를 마치겠습니다.

(선생님께는 어떤 말로 편지를 마쳐야 하는지 잘 생각이 나지 않습니다.)

조슈아 올림.

추신. 만약에 답신을 하고 싶으시다면 제 가정 통신문 수첩 사이에 넣어 주시는 것이 좋을 것 같습니다. 절대로 수첩에 직접 적으시면 안 됩니다. 제 부모님께서 보시면 절대 안 됩니다.

사랑스러운 조슈아

얼마나 우리 어른들이 특히, 교사들이 눈이 어두웠는지! 네가 나에게 보내 준 이 감동스러운 편지를 읽기 전에 나는 너를 모든 것이 투명하며 아주 평범한, 말하자면 약간 무미건조할 수도 있는 성격을 가진 학생이라는 것 외에는 다르게 생각해 본 적이 없었다는 것을 고백해야 할 것 같구나. 너를 성급하게 판단하고 더 관심 가지지 않은 선생님을 용서해 다오.

네가 네 문제들을 스스로 극복할 수 있을 거라고는 절대 생각하지 않는단다. 선생님들이 강요하는 것과 네 부모님께서 믿으시는 종교 사이에서 충돌을 겪으며 학습하는 동안 얼마나 불안했을까. 신앙은 개인적인 의견이고, 이는 근본적으로 과학적 사고와는 다르단다. 《성경》,《코란》 등에서 읽은 것을 구실로 우리 모두를 만든 창조주가 있다고 생각하는 것은 이론이 아니라 신앙이야. 이것은 이성에 호소하는 것이 아니란다. 그래서 이를 증명할 수 없기에 어떤 사람들은 자신들이 가진 신앙을 강요하기 위해 힘이나 공포를 이용하기도 하지. 또 다른 사람들은 거짓말을 하기도 하고. 분명 너는 모를 것 같은데 예전에 프랑스에 있는 일부 중·고등학교와 대학교에 《창조 백과사전》이라는 책이 홍수같이 보내진 적이 있었단다. 8킬로그램 정도 무게가 나가는 이 책은 '하느님이 모든 생물의 유일한 창조주!'라는 것을 증명하기 위한 것이었단다. 부질없는 소리들과 거짓 과학적 논증들로 가득 찬 이 비싼 책 뒤에는 누가 숨어 있었을까? 아마 이슬람교 근본주의자들이나 미국 복음주의 그리스도인들이나 과학과 지성에 대한 증오로 모인 적대자들일 거야. 이 자칭《백과사전》이라는 것은 곧 교육부에 의해 통용이 금지되었고 조사를 통해 비종교적 자유 교육체계를 직접적으로 공격하길 원하는 사람들이 한 짓이라는 게 드러났단다. 네 부모님께서 내리실지도 모르는 결정은 이와 같은 의도일 거야. 자신들이 가진 신앙과 맞지 않는 과학교육에서 너를 빼내어 버리시려는 것이지. 이는 광신적인 태도에 불과해.

네 질문에 대해 정확한 대답을 하기 전에 우선 난 선생님으로서 학생의 가정생활에는 간섭할 권한이 없다는 것을 이해해 주기 바란다. 단 초래될 수 있는 위험들에 대해서 학교 행정 측에 알리는 것은 가능하지. 하지만 이렇다 해도 실천 가능한 행동은 많지 않구나. 우선 내가 뒤샤텔 교장 선생님께 제안하여 허락을 얻어 학교 내에 가장 인정받는 이단 퇴치 협회 대표들을 모시게 되었다는 소식을 들려줄게. 수업 중에 이분들과 함께하는 토의 시간을 마련할 것이고 이때 네가 하고 싶은 질문들을 할 수도 있어. 그리고 너는 신중한 답변을 들을 수도 있을 거야. 또 다른 한편으로는 네 외조부모님과 연락을 취할 수 있도록 도와줄 텐데 이는 어렵지 않을 것 같구나. 네가 그분들을 뵙는 것을 보장해 줄 법도 분명 있을 것이고 내 생각에는 그분들도 너를 만나고 돕기를 정말 원하실 것 같구나.

마지막으로 절대 바보 같은 일은 하지 말아야 한다. 제발 가출은 절대 안 된다. 너에게 주어진 기회들을 날려 버리지 마라. 가장 힘든 일을 해냈잖니. 용기를 내서 말을 했고, 침묵을 깨고 나와서 도움을 청했잖아. 도움은 이제 시작될 거야. 내가 개인적으로 신경을 써 줄 거고.

마지막 사항. 방과 후 네 시간 동안 남는 것은 취소되었다. 벨자카르 선생님도 상황을 완전히 이해하셨단다. 오히려 너를 지지하는 한 명이 더 생겼는걸!

보통 학생에게 편지를 쓸 때 편지를 마감하며 통상적으로 쓰는 표현을 알고 있지만, 이번 편지에는 이런 말이 더 좋을 것 같구나.

"죠슈아, 용기를 내렴. 잘 참아 내면 반드시 이겨 낼 수 있을 거란다!"

크리스티앙 선생님.

크리스티앙 선생님께

우선 선생님께서 개입해 주신 모든 일, 특히 방과 후 네 시간 남는 것을 없애 주신 것에 대해 진심으로 감사드립니다. 정말로 안심했습니다. 그리고 선생님께서 해 주신 조언을 따랐습니다. 저희 외조부모님과 연락이 닿아 제가 전화를 드렸답니다. 먼저 전화를 받으신 것은 외할머니셨는데, 내가 누구인지 아시고는 통곡을 하셨어요. 그리고 우리는 오랫동안 이야기를 했어요. 이제 저는 더 이상 혼자가 아니랍니다. 외조부모님께서는 시간이 오래 걸리고 어렵기는 하겠지만, 이단이 주는 상처에서 손자를 꺼내기 위해서 있는 힘을 다해 싸울 것이라고 말씀해 주셨어요. 저는 이제 준비가 되었습니다. 용기를 내겠습니다. 크리스티앙 선생님, 저는 믿습니다……, 아니 죄송해요. 저는 이 '믿다'라는 말조차도 사용하고 싶지 않습니다. 저는 앞으로 제가 어떻게 해야 할지 잘 알고 있습니다.

다시 한 번 진심으로 감사드립니다.

조슈아 올림.

조슈아의 숨은 배경지식 찾기

생활 속 종교의 중요성

종교가 모든 국가에서 동일한 중요성을 가지고 있는 것은 아니야. 그렇다고 해도 개인이 일상생활에서 얼마만큼 종교를 중요하게 생각하는가를 과학적인 방법으로 측정하는 것은 불가능한 것처럼 보여. 그런데 2002년에 실시한 국제적인 조사Pew Global Atttitude Project에서는 아주 단순한 질문을 통해 알 수 있었어. '종교는 당신에게 아주 중요합니까?'라는 질문에 북미권 사람들이 59퍼센트, 폴란드인 36퍼센트, 우크라이나인 35퍼센트, 영국인 33퍼센트, 캐나다인 30퍼센트, 이탈리아인 27퍼센트, 독일인 21퍼센트, 러시아인 14퍼센트 그리고 프랑스인 11퍼센트가 그렇다고 대답했어.[1] 긍정적 답이 압도적으로 많을 것 같은 국가, 예를 들면 인도 같은 곳은 조사에서 제외되었어. 이 조사는 대체로 프랑스와 같은 부유한 국가에서 사는 국민에게는 종교가 덜 중요하다는 것을 보여 주고 있어.

한국 청소년 성별에 따른 종교 중요도 비율(2010년도 기준)

	남학생	여학생
매우 중요하다	12.4	14.8
다소 중요하다	18.6	23.2
별로 중요하지 않다	32.2	36.3
전혀 중요하지 않다	36.4	25.2
무응답	0.4	0.4

출처_여성가족부 청소년가족정책실 청소년정책과

프랑스와 종교

프랑스는 오래전부터 엄격한 가톨릭 국가였어.-유대교인들은 왕정 때 여러 번 쫓겨난 적이 있었다.- 그러다가 16세기 이후에 가톨릭에서 개신교를 용인하게 되었어. 물론,

---

1 한국인은 25퍼센트가 그렇다고 대답했다.

1598년에 낭트 칙령[2]이 발표되기까지 양측 모두 피 터지는 전쟁에 전념했지만 말이야. 하지만 루이 14세 때에는 다시 개신교에 대한 배척이 시작되었고, 1685년에 루이 14세가 낭트 칙령을 취소하면서 개신교에서 하는 모든 예배를 금지했어.

1789년에 일어난 프랑스혁명(시민혁명)으로 마침내 개신교와 유대교를 포함한 모든 종교에 대한 자유를 인정했어. 하지만 정부는 성직자 민사 기본 법이라는 법을 교회에 강요하면서 교회를 좌지우지하려고 했지. 이에 대한 거부는 아주 피비린내 났던 방데Vendée 전쟁을 일으킨 원인 중 하나가 되었어. 이후 나폴레옹 1세가 추락하면서 가톨릭교는 다시 국교(1815~1830)가 되었지만, 점차 정치권과 종교를 분리해야 한다는 주장이 강해졌고 학교는 이 논쟁의 중심이 되었어. 대부분 학교들이 종교를 근간으로 두었기 때문에 사회가 성직자들이 미치는 영향력에서 자유로워지기 위해서는 비종교적 성격을 띤 무상 의무교육 시스템을 마련해야만 했거든. 그러다가 1880년대에 들어서 학교 법을 통해 공립 교육을 주장하는 사람들이 종교적인 교육을 찬성하는 사람들을 이긴 거야. 그리고 1905년이 되어서야 프랑스에서 정교분리가 한 발자국을 내딛게 되면서, 더 이상 정부에서 인정하는 종교는 존재하지 않게 되었어. 이제 정부는 종교에 대한 의견을 제시하지 않게 되었고, 어떤 종교에 대해서도 지원을 하지 않게 되었지.

통합적 종교의 자유:미국

미국 헌법은 종교가 벌이는 자유로운 행사를 방해하는 어떠한 법도 만들 수 없다는 것을 명기하고 있어. 이 때문에 국제적으로 전파된 수많은 이단이 미국에서는 정책적 배려를 받고 있어. 이 나라에서는 일부 '교회들' 혹은 복음주의자들 혹은 오순절 교회들이 상당한 힘을 가지고 있어. 이들은 국가적으로 여러 정치 대권 도전자-예를 들어 2000년도에 기독교 우파의 지지를 받은 조지 부시 등-를 지지하면서 근본적으로 정치적 역할을 시도하고 있으며 나아가 라틴아메리카와 같이 미국이 영향을 주는 국가들에도 영향력을 끼치고 있어. 일례로 1980~1990년대에 북미 개신교 교회들은 과테말라 정부군과 혁명적 게릴라군이 대립한 전쟁에서 과테말라 정부군을 도운 경우가 그렇지. 그러고는 원주민들이 믿어 온 종교와 이제까지 국민에게 과도하게 영향을 주었다는 가톨릭 사제들을 몰아냈어.

---

2 일정한 지역 안에서 신앙에 관한 자유를 누릴 수 있도록 하고, 가톨릭교도와 동등한 정치적 권리를 갖도록 인정하는 내용이 들어 있다.

종교 혹은 이단 종교?

'이단'이라는 단어는 종교나 지배적인 이데올로기에서 '끊어져 나온' 사상을 말해. 따라서 이단은 다수파 종교와 비교하여 '이교', 즉 '잘못'된 길로 접어든 종교적 견해인 것이야. 가톨릭은 다른 기독교 교회들－정교회, 개신교 등－을 수용하기 전 오랫동안 이들을 이단으로 규정해 왔었어. 그래서 모든 기독교 유파 간에 대화가 열렸고, 마침내 이들을 인정하게 되었지.

광신적 태도는 불관용과 대다수에 반하는 절대 진리를 가지고 있다는 확신이 그 특징이야.[3] 또한, 자신들과 동일한 방법으로 생각하지 않는 사람들과는 개종시킬 목적을 가질 때를 제외하고는 논의하기를 거부하는 특징도 있어. 대부분 종교와 정치적 파벌에는 개인 혹은 몇몇 모임이 과격한 행동들을 보일 때가 있는데, 그렇다고 모든 종교가 이단이라거나 혹은 모든 정치적 이데올로기가 과격하다는 말은 아니야.

요즘 이단은 보통 현실을 거부하거나 물질적인 요구를 하면서 조건 없이 신자가 될 것을 권유하는 모임을 말해. 항상 불을 보듯 뻔한 방법이지만 비밀리에 열성적인 포교 활동을 하도록 신자들을 종용하지. 그래서 '여호와의 증인'이나 '크리슈나' 신봉자들은 길에 지나다니는 사람들에게 열성적 공개 포교 활동을 하는 반면 '사이언톨로지' 같은 경우 비밀리에 학생, 지식인인 예술가들을 대상으로 포교 활동을 해. 그리고 많은 이단이 남자 한 명을 교주로 혹은 여자 교주들에 의해 주관이 되지만 그렇다고 반드시 그런 것만은 아니야. 또한 이단은 기적적이고 참신한 '치료법'이나 자칭 효과적이라는 휴식과 명상을 할 수 있는 방법을 약속하기도 하지.

생명은 어떻게 창조되었을까?

창조론자들과 진화론자들 사이에서는 때때로 격렬한 토론이 일어나기도 해. 창조론자들은 오늘날 우리가 보고 있는 형태로 모든 생명을 창조한 것은 유일신이라는 것을 주장하고 진화론자들은 다윈이 정립한 이론에 근거하여 '자연도태'와 진화법에 근거한 수많은 진화된 형태가 있다는 이론을 주장하고 있어.

이에 한 철학 학교는 정확하게 이 두 이론 사이에서 중립 입장을 취하며 신앙과 과학을 화해시키려 하고 있어. 모든 우주의 기원인 빅뱅은 신이 출현한 것일 수 있으며《성경》의 '창세기' 내용은 진화를 말하기 위해 이미지화한 것이라면서 인류가 출현하기까지 걸린 6일은 수십억 년을 의미한다고 주장해.

다른 한편 2000년대 초 인도에서는 근본주의를 주장하는 힌두교인들이 진화론에 대

---

3 외계인이 지구에 곧 다시 올 것이라 주장하는 라엘 이단이 있다.

한 교육을 대학에서 금지해야 한다고 헛된 시위를 했어. 일부 이슬람교 분파도 마찬가지로 생명이 탄생하는 일에 대한 과학적인 증거를 거부하는 등 모든 과학에 대한 반대를 가져왔지. 미국에서는 여전히 이와 같은 논쟁이 진행 중이며 창조론자들은 자신들이 믿는 신앙만을 취하면서 그들이 터무니없다고 판단하는 일부 교육 내용들을 금지시키려고 하고 있어.

tip 예배의 자유와 공공질서

지난 1세기 이래로 일부 정부들은 종교 간에 일어난 일에 개입하고자 하는 경향을 보였지만, 정교분리는 아직도 현실을 지배하고 있어. 내무부가 여전히 종교를 관리하고 있지만, 이는 단지 공공질서에 물의를 일으키지 않는가를 감독하는 정도일 뿐이야. 이단 문제로 인해 정부가 이 단체들을 관리하거나 심지어 금지하는 다양한 조치를 취하기도 하는 경우지. 또 다른 한편으로 프랑스 및 전 세계적으로 정통주의―이슬람교뿐만 아니라 북미의 개신교 근본주의, 전통 가톨릭, 힌두교 등―가 강세를 보이면서, 이 역시 사회적, 정치적으로 아주 복잡한 문제를 가져오고 있어. 이것은 정부가 사회질서를 위해 위협적이라고 판단되는 종교적 일탈을 진압하면서도 종교에 대한 자유를 보장해야 하기 때문이야.

tip 이단과 정치

프랑스에서는 피부로 와 닿지 않지만 이따금 이단 문제가 언론을 뒤흔드는 경우가 있어. 때로는 어떤 이단이 정치권에 유입이 될 지도 모르며 일부 불리한 자료들을 조작하거나 파기할 수 있는 권력을 가지게 될지도 모른다고 말하는 것을 듣게 되기도 해. 그렇더라도 국가가 실제 조사를 한다거나 최소한으로 금지하는 것조차 하지 않아. 정확하게 정의할 수 없는 모임을 금지하는 것은 쉬운 일이 아니니까. 법이 이단에 대해 너무 광범위한 정의를 내리고 있는 것이라면 많은 협회가 이단으로 규정될 수 있을 것이며, 정의가 너무 제한적일 경우에는 많은 이단이 이를 피해 가게 될 거야.

이단 대부분은 정치권에 대해 직접적으로 언급하지 않기 때문에 실제 민주주의에 위협적인 요소는 아니야. 그렇다면 우리는 이단이라고 오해하는 실수를 범하지 않으면서 한 개인이 이단에 의해 이용당했다는 것을 어떻게 확인할 수 있을까? 이것은 가장 복잡한 인간 문제 중 하나인 것 같아. 그래서 우리는 스스로가 행동과 사고를 지배하고 있는가를 알아야 해. 이는 우리가 종종 합의하지 않은 방식으로도 행동하기 때문만은 아니며 모든 것이 조작에 의해 가식적으로 만들어진 열매라는 어떤 사고들이 비이성적으로 보이기 때문도 아니야. 법이라는 시각에서는 '강요에 의한 것인지 아닌지'라는 사실만이 중요하거든. 하지만 자유 가운데에서도 우리는 방황할 수 있으니 딱 잘라 말하기가 쉽지 않지.

8장
정말 내가 원하는 직업을
선택할 수 있을까?

프랑스공화국은 학업에 대한 기회를 모두에게
평등하게 주는 것이 교육의 바탕 중 하나라고 본다.
그런데 실제로 청소년들은 스스로 학업 과정을 선택하고
자신이 원하는 직업으로 진로를 선택할 기회를 보장받고 있을까?
최근 프랑스 회계 감사원에서 보고한 바에 따르면
일반 바칼로레아를 획득한 학생 열 명 중 여덟 명은
특권층 출신이었고 단 두 명만이 빈곤층 출신이었다고 한다.
그럼 '사회적 승강기'는 1층에 꼼짝하지 않고 있는 것 아닌가?
전문 과정을 다양화하는 것이 진정 각 개인이
진로를 결정하는 데 도움을 주고 있는 걸까?

케니 이야기
진로가 정해진 아이들

넌 내가 배꼽이 빠지도록 웃게 했어. 그래, 내 컴퓨터 모니터에 나타난, 1학년을 대상으로 해서 네가 만든 진로 질문지 말이야. 얼마나 웃기던지, 너 정말 짱이더라! 내가 '너'라고 해서 기분 나빴다면 미안해. 그렇지만 그 질문지에서 네가 먼저 '너'라는 표현을 썼더라고. 마치 우리가 오랜 친구였던 것처럼 말이야.

이 질문지를 보내 준 것은 내 친구 마리암인데 '케니, 이거 읽고 답변을 해 줘야 해. 이번 학년이 끝나고 네 진로를 선택해야 할 때도 분명 도움이 될 거야.'라고 쓴 이메일과 함께 보냈더라고. 마리암, 참 착하지. 마리암은 나를 걱정하는 건데. 그 아이가 한 말이 틀리지 않았거든. 난 가끔 내 성적을 멀리 보내 버리고 싶어지니 말이야. 그래서 난 네 질문지에 답하기로 결심했어. 마리암을 기쁘게 해 주기 위해 한 것은 아니야. 네가 만든 이 작은 놀이에서 그 이유를 똑똑히 보았지. 또 솔직히 말하면 날 좀 짜증나게 만들었거든…….

우리가 만 열다섯 살 때 무엇을 원하는지 아는 것은 쉽지 않다. 너는 먼 저 네가 성공할 수 있는 기회를 잡을 수 있는 계열을 결정할 수 있도록 네 능력을 평가해야 한다.

우리가 만 열다섯 살 때 원하는 것을 안다, 넌 이것이 쉽지 않다고 생각하는구나. 그럼 스무 살 때는 쉬울 것이라 생각하니? 서른 살 때는 그만큼 시간이 흘렀으니 모든 게 분명해지 겠구나? 자, 우리 언니를 예로 들어 볼게. 언니는 지금 스물여덟 살이야. 난 언니가 얼마나 많이 아파트, 일, 소신을 바꾸는지 다 셀 수도 없어. 남자도 마찬가지야. 한 남자 친구랑 1, 2년 이상 관계를 유지하는 것을 본 적이 없어. 그러면 언니는 자신이 원하는 것을 아는 걸까? 우리 아버지는 오래전부터 금연을 해야겠다, 더 좋은 직장을 찾아야겠다, 햇빛이 잘 드는 남쪽으로 이사 가자 등등 말씀하셨지만 손톱만큼도 바뀐 것은 없어. 아버지도 역시 자신이 원하는 것이 무엇인지 알지 못한다는 거야. 내 생각에는 이런 상황에 있는 사람이 수천 명도 넘을걸. 우리 동네에만 해도 자신이 원하는 것이 무엇인지 스스로에게 물어보는 사람들이 넘쳐 나거든. 어린애들은 동네 입구에 모여서 이야기하고 나이 든 분들은 술집에 앉아

이야기하고.

어쨌든 날 안심시켜 준 것은 고마워. 열다섯 살이면 내가 아직은 불확실한 것 속에 머물러 있어도 된다는 거니까 말이야. 그래 나는 내가 어디로 가고 있는 것인지 스스로에게 물으면서 내 앞에 놓인 삶을 보내야 하는 게 사실이야.

그다음으로 네가 해 준 조언은 정말 멋져. '내 능력을 평가해라.' 뭐…… 그게 낫지. 내가 수학에는 특히 약하고 국어에는 바보 같고 대화법에는 완전 바닥이라는 것은 확실하니까. 그 어떤 계열로 가도 유리한 위치에서 시작할 수 있는 기회는 거의 없다는 거지. 하지만 너도 네 주장에 맞는 논거들을 우리에게 제시하기 위해서는 적어도 대학에 입학한 후 10년은 더 있어야 하지 않을까?

네 취미가 무엇인지 알아보아라. 운동을 좋아하니? 예술 활동?

미술, 영화, 음악, 멀티미디어, 사진 같은 것에 열정이 있니?

무용, 피겨스케이팅, 스키는 잊어버린 것 같구나. 이왕 하는 거 승마나 골프는 왜 안 하냐? 너는 도대체 어디서 왔니? 어떤 세상에서 살고 있니? 어떤 별에서? 너는 나 같은 사람에게는 어떤 일이 일어나는지 알고는 있니? 운동은, 우리 마을에는 장-부잉 운동장이 있어. 그럼 된 거야. 거기에 가기 위한 유일한 준비물은 축구화만 신으면 되는 거지. 만약 네가 상식을 벗어난 생각이 갑자기 떠올라서 손에 골프채를 들고 운동장 잔디를 군데군데 뜯고 싶다면 내가 장담하건대 어떻게 하면 빨리 뛸 수 있는지도 알아서 가야 할 거야.

예술 활동에 대해서는, 우리가 사는 동네에는 미님 복지 회관이 있어. 네가 놓치지 말아야 하는 것은 바로 건물 정면 벽에 낙서가 되어 있지 않은 공간은 1제곱센티미터도 되지 않는다는 거야. 네가 보다시피 그곳은 건물 자체가 '조형예술'인 셈이지. 게다가 안에는 예술 활동을 위한 공간도 있긴 한데, 창문이 하나도 없어서 손전등 하나만 의지한 채 소묘나 채색을 해야 하지. 내 친구 클레망이 한 말에 따르면 자신들을 이 센터의 지하 세계를 지배하는 왕이라고들 말한대.

그러면 나에게 예술이란…… 학교에서 아리안느 선생님과 함께하는 연극이야. 분명한 것은 이게 꽤 괜찮은 활동이고, 운이 좋게도 함께하는 아리안느 선생님이 참 멋져서 늘 재미있다는 거야. 하지만 이런 '예술적 활동'들이 나에게 도움이 된다고 생각해 보라면…… 내가 늘 아버지로부터 듣는 말이 있는데, 그 말을 너한테도 좀 해 줘야겠다.

"글쎄다. 넌 이런 쓸데없는 일을 하며 또 시간을 낭비하고 있구나."

네가 매력을 느끼는 분야는 무엇인가? 과학, 예술, 상업, 정치사회, 교육, 기술? 네가 전문적으로 빠져들고 싶은 분야는 무엇인가?

너는 내 답변이 듣고 싶니? 넌 나를 바보 취급하는 것 같구나. 무슨 이런 우스꽝스러운 질문을 하는지. 네가 말한 것을 한번 상상해 보자. 내가 보건을 선택했다고 해. 그래 의사, 좋잖아. 사람들을 고치는 것보다 더 중요한 일이 무엇이겠니? 난 잘 모르겠어. 그러니까 보건, 좋아. 내가 매력을 느끼는 분야이고 네가 말한 것처럼 '전문적으로 빠져들고 싶은 분야'이기도 해. 그럼 너는 내가 그것만으로 기회를 얻을 수 있다고 생각하니? 만약 우리 아버지가 일반 의사나 외과 의사, 그것도 아니면 약사라도 된다면 뭐 가능성이 좀 더 있을지도 모르겠다. 그럼 너는 병원에서 물건 나르는 사람이나 청소부도 역시 보건 분야에서 일하는 사람이라고 말할 수도 있겠지? 물론 그 편이 나랑은 더 맞는 것 같기도 하네. 왜냐하면 내가 의과 학위를 얻기 위해 9년 동안이나 공부에 매달리는 일은 절대 없을 테니까. 물론 나는 너에게 전공을 이야기하는 것은 아니지만 꿈만 가져서는 안 되는 게 있다는 거지……. 그래, 그렇다니까.

하지만 의사, 나도 정말 되고 싶었어. 우리 할아버지가 편찮으셨을 때 생각했던 거야. 할아버지는 병원에 입원해서 수

많은 검사를 받으셨는데 나중에 할머니가 집에 계셨던 편이 훨씬 좋았을 것 같다고 말씀하시더라고. 그때 할아버지에게 남은 시간이 많지 않다는 것을 알게 되었지. 할아버지를 병상에 눕혔지만 할아버지가 겪는 고통을 줄여 주지는 못했어. 조금도, 아주 조금도. 내가 정말 무능력하다는 생각을 했어. 그리고 고통받는 사람들을 위해 무엇인가를 할 수 있으면 좋겠다는 생각을 했었지. 하지만 너에게 이런 말을 하는 것이 무슨 소용이 있을까, 난 절대 의사가 될 수 없는데.

집에서 공부하는 방식은 어떠니? 너는 엄격한 틀 속에 맞춰서 공부하는 것이 편하니, 자율성을 가지고 하는 것이 더 좋니?

우리 집 이야기를 좀 해 줘야겠구나. 우선 나는 우리 집에 떠다니는 UFO라는 사실을 네가 알아야 해. 우리 집에서는 내가 고등학교 1학년에 올라간 것 자체가 기적이야. 나 말고는 이런 사람이 없거든. 아버지는 석공이고 어머니는 가정부로 일하셔. 그래서 주어진 임무, 혹은 꼭 해야 하는 일 같은 것은 별 의미가 없어. 서술적인 전문성, 논쟁과 청자에 대한 영향력에 대한 학습 같은 것도 기대할 수 없지. 그렇다고 이분들을 우둔한 분들로 오해하지는 마. 단지 공부 분야에서만 그런 거니까. 만약 내가 공부라는 틀에 갇혀 있길 편해 하는 스타

일이라면 난 그 틀을 그냥 바꾸면 되는 거지.

적성 테스트를 하는 것에 대해 어떻게 생각하니?

아, 이거! 좋은 생각인데. 자, 어서 시작하자. 분명한 것은 네가 어떤 하찮은 질문들로 나를 놀라 자빠지게 할지 궁금하다는 거야.

오후 시간에 할 일이 없다면, 너는 무슨 일을 하며 시간을 보내겠니?
a. 백과사전을 읽는다.
b. 산책을 한다.
c. 박물관을 가거나 영화를 보러 간다.
d. 목공과 같은 단순한 작업들을 한다.

이런, 뭐라고 해야 하나. 너는 정말 평범한 생각을 가진, 지극히 평범한 아이구나. 게다가 상상력도 좀 부족한 것 같아. 도와줄 테니까 내가 적어 주는 것을 추가로 넣어 봐. 'e. 친구들과 바닥에서 뒹굴뒹굴대기, f. 동네에서 최고로 멋진 쇼핑몰에 또 구경 가기, g. 부모님이 안 계시면 여자 친구나 만나서 케밥이나 햄버거를 배 터지게 먹으러 가기 등.' 너는 이런 생각은 해 본 적 없니, 응?

새로운 집에 이사를 갔어. 부모님을 돕기 위해서 너는 어떤 일을 할 수 있니?

a. 정원 배치에 대해 고민하기

b. 이웃들을 찾아가서 인사하기

c. 동생들 돌보기

a번, 정원은 말할 가치도 없네. 우리는 정원이 없거든. 이게 편하다니까. 어디에 베고니아를 심고 풀들은 얼마만큼 깎아야 하고 어떤 유기농 비료를 선택해야 하고 등등 이런 고민들을 안 해도 되거든. 그러니까 b번 이웃들을 찾아가서 인사하기로 패스. 이건 우리 동네에 사는 불법 거주자들이 어떤 부류인지를 고려해 볼 때 다양한 반응들을 생각해 볼 수 있어. 우선 네가 문을 두드렸을 때 아주 조용한 경우야. 아무 말 없이 문을 열어 주지. 경비원이나 사회보장국 관리원, 경찰 등이 빈번히 오기 때문이야. 또 다른 경우로 격렬하게 개 짖는 소리가 나고 빗장 여는 소음과 함께 철 사슬을 끼운 채 문을 빼꼼히 여는 사람. 너는 그리스의 한 종족인 몰로스 족 남자의 얼굴을 마주하게 되고 그가 입을 열면 역겨운 냄새에 5초도 버티지 못하고 도망갈걸. 마지막으로 일어날 수 있는 경우는 문을 두드릴 필요도 없어. 이미 조금 열려 있거든. 이제 조심스레 안을 들여다보게 될 거야. 완벽하게 이루어진 방이야. 썩은 매

트리스 위에 한 남자가 누워 있고 네가 말을 해도 못 알아듣지. 금방 자기 몸으로 주입한 물질이 혈관을 타고 돌고 있기 때문에 네 말을 알아듣지 못하는 거야. 자, 이런데도 너는 네가 이사한 사실을 알려 주러 이웃들을 찾아가고 싶니?

이제 마지막 c번. 나는 우리 남동생과 여동생을 돌보기 위해 이사를 기다릴 필요도 없어. 부모님께서 일하시기 때문에 항상 내 책임이거든. 이 더러운 두 녀석은 싸우고 소리 지르며 시간을 보내지. 뭐 다시 복습을 하는 것도 멋지겠는걸. 늘 해 왔던 일이니까.

너는 다른 사람들과 어떤 방식으로 일하는 것을 좋아하니?

a. 능력 있는 팀을 만나서 일한다.

b. 너무 많은 토론과 고민 없이 일하는 것이 좋다.

c. 틀에 얽매이거나 상사의 지시 없이 그냥 스스로 할 수 있는 대로 한다.

너는 텔레비전을 전혀 안 보니? 신문도 전혀 안 읽고? 네가 정말 그렇다면 말이야 내가 가르쳐 줄게. 이 나라 사람 상당수가 하는 질문은 '어떻게 일하는 것을 좋아하니?'가 아니라 '어떻게 일을 찾아야 하니?'야. 그건 그렇다 치고, 내 경우에는 전에 말했던 것처럼 나 혼자서 일을 하는 게 더 익숙해.

특별히 어려운 일을 맡게 되었을 때 너는 어떻게 행동하니?

a. 어서 다른 일을 한다.

b. 잠시 고민하다가 할 수 있는 일을 한다.

c. 이 일을 극복하기 위해 어려움을 분석해 본다.

미안하지만 너는 사람들을 무지 형편없이 보는 경향이 있는 것 같다. 아니면 아주 순진한 거니? 생각 좀 해 봐. 면접을 보려고 양복 입고 넥타이를 맨 사람 앞에 있다고 하자. 그리고 정확하게 똑같은 질문을 너한테 했어. 그럼, "글쎄요. 일하다가 죽을 수는 없잖아요, 절대로. 제가 생각하는 것은 어떻게 그 일을 안 할까 하는 거죠."라고 대답할 멍청이가 있다고 생각하니? 모든 사람은 거짓말을 할 줄 아는 것이 일자리를 찾기 위한 아주 기본적인 자격이라고 생각하거든.

일은 너에게 어떤 의미니?

a. 노하우나 정확한 기술

b. 기쁨, 환희

c. 책임

이제 네 질문에 그만 답해야겠다. 정말 피곤하게 하네. 너는 항상 가장 중요한 것을 잊고 있어. '가족을 먹여 살려야 하는 수단!' 너는 이 대답이 생각나지 않니? 이 대답은 몇 번에 있는 거야? x, y 아니면 z번이야?

네가 흥미 있게 생각하는 직업을 가지는 것이 더 좋겠지만 네 날개를 태우지 않도록 조심해라. 꿈과 현실 사이에 차이가 있다는 것을 잘 생각해야 한다.

진심으로 네 조언이 훨씬 멋져서 마음에 든다. 우리 아버지께서는, "조언은 적어도 빵을 먹어 치우지는 않아. 조언을 하는 사람들이 먹어 치우는 거지."라고 말씀하셨어. 게다가 조언을 하는 모든 사람처럼 너는 자가당착에 빠지는 것을 두려워하지 않는구나. 이것을 좋아한다거나 저것을 좋아한다는 이야기들은 단지 "현실적이 되어라. 이 녀석아, 너는 꿈도 꾸지마라."라고 말하는 것밖에 안 되는걸. 벌써 잊은 거냐? 미술, 영화, 음악, 멀티미디어, 사진!

스스로에게 다음과 같은 질문을 해 봐라. 네 점수는 네가 원하는 길을 가기에 충분한가? 네가 결정을 내릴 수 있도록 도움을 줄 수 있는 진로 상담자가 있다는 것을 생각해라.

그래, 이제 또 다른 진지한 내용으로 넘어가는구나. 내가 고

136

민해야 하는 것이 아니고 그저 알고 있는 것을 말하면 되니 고맙네. 미안하지만 이미 알고 있는 내용이야. 그리고 어떻게 진행이 되는지도 정확하게 알고 있어. 우리 반에 고등학교 1학년을 낙제해서 다시 다니는 세드리크란 친구가 있거든. 학년 말에 우리 학교 뒤샤텔 교장 선생님께서 세드리크에게 전문 직업과정으로 진로를 정하라고 제안하셨대. 세드리크한테는 차라리 그 편이 나았을 텐데……. 하지만 세드리크 부모님은 그 말대로 하기가 싫으셨지. 그분들은 세드리크를 배관공보다는 장관감으로 보고 계셨거든. 그래서 교장 선생님과 세드리크 부모님이 만나신 거야. 하지만 의견 조율은 잘 안 되고 합의점을 찾는 건 불가능했어. 결국 세드리크 아버지께서 교육법 331-37조를 들이대시는 바람에 논쟁은 끝이 났다네. 뭐라더라? 세드리크가 나한테 이 이야기를 최소한 20번은 해 준 거 같은데도 외우질 못하겠어. '학교가 추천한 진로에 학부모가 만족하지 않는 경우 단 1회에 한하여 동일한 학년에 1년 동안 유급할 권리가 있다.'라나 뭐, 그런 내용이었던 것 같아. 결론은 세드리크는 다시 고등학교 1학년을 다니게 된 거야. 그럼에도 점수는 더 나아지지 않았고 이번 학년 말에 또다시 치열한 싸움이 날 위기에 놓인 거지.

만약 네가 원하는 분야에서 연수를 받으면서 좀 더 일찍 직장 생활을 시

작하여 돈을 벌고 싶다면 너는 이런 대안을 선택할 수도 있어.

아, 그렇군요. 진로 지도사님, 아니 아무래도 널 진로 사기꾼이라고 불러야 할 것 같지 않니? 각각 자신에게 딱 맞는 자리가 있다는 게 사실이니? 만약 네가 돈 좀 있는 집 자식이라면, 너는 분명 '일찍부터 돈을 벌 필요'는 적을 거라고 확신해. 내가 교훈을 하나 얻었어. 네 덕분에 나는 아주 현명한 진로를 선택한 사람이라는 것을…… 고맙군. 나는 나중에 되고 싶은 것이 있어. 바로 지뢰 제거 기술자. 그래, 멋진 일이잖아. 그리고 경쟁 때문에 서둘러야 할 필요도 없어. 언제든지 일은 있을 테고 공부를 많이 하지 않아도 되니 말이야. 그래, 난 네가 만든 것처럼 진짜 엄청나게 멍청한 질문지를 제거하는 일을 할래. 인터넷 곳곳에 있는 것들을 찾아내서 적나라한 답변들로 제거해 줄 거야. 그래, 내가 진실을 천하에 공개하며 미리 예방 차원으로 터뜨려 줘야지. 펑! 허풍쟁이가 내뱉는 감언이설을 눈앞에서 가루로 만들어 버리는 거야. 펑!

뭐, 나한테 딱 맞는 일이라는 건 확실해. 운이 좋게도 그 허풍쟁이 전문가가 나에게 진로 상담을 해 주었네!

케니의 숨은 배경지식 찾기

출신 지역이 결정적인 영향이 있는가?

우선 교육 지역ZEP[1] 출신이라는 것은 정부가 이 지역에 부여한 지원에도 불구하고 학위 과정에서는 단점이 될 수밖에 없어. 이와 관련한 보고서들에 따르면 교육과 경력 수준이 최근 40년 이후 높아진 것은 사실이지만, 불평등은 여전히 사라지지 않고 있다고 해. 우선 교육 지역으로 분류되어 학업에서 상당한 어려움이 있는 지역은 여전히 존재하고 있고, 사회적 계층이 낮아질수록 학생들이 겪어야 할 어려움은 더욱 커져 가고 있지.

명문가

1960년대에 프랑스 공산당은 '100대 가문'이 프랑스 경제를 장악하고 있다고 폭로했어. 그리고 이후 사회학자 피에르 부르디외가 《상속자들》라는 책에서 '사회적 계급의 재생산'을 조장하는 것들을 제시했는데 상위 계층은 '자신들만' 함께하면서 규범과 외모까지도 규정하는 그들 안에 메커니즘이 따로 존재한다는 것을 폭로했지.

최근 들어 이 메커니즘은 더욱 비속한 양상을 띠게 되고, 종종 족벌주의와 비슷한 모습을 보이기도-능력이 없는데도 자기 가문 사람에게만 공개적으로 혜택을 주는 것 등- 해. 라가데르나 다소 등과 같은 가문 왕국 설립자들이 자손들에게 바통을 이어 주고 있는 경우가 그렇지. 부모가 장관이면 자제들도 장관이 되고-예를 들면 드브레 Debré 가문-, 부모가 가수와 영화배우이면 그 자제들도 배우와 가수가 되고 있어. 심지어 국가 정상인 니콜라 사르코지 대통령은 공개적으로 자기 아들을 정부 지역 방위 비품 기관 수장으로 세우려고 하기도 했어.

국가별 교육비 지출

프랑스는 국가 예산 가운데 교육에 할당한 비중이 1999년에는 11.45퍼센트였던 것이 2006년에는 10.5퍼센트(인도의 수준)로 끊임없이 줄어들고 있어. 그럼에도 다른

---

1 '민감'하다고 여기는 지역

국가들에 비교할 때 순위가 나쁘지는 않아. 쿠바는 교육비 예산이 전체의 20.5퍼센트, 방글라데시는 15.7퍼센트, 미국은 14.7퍼센트, 러시아는 13퍼센트이고 독일과 이탈리아 그리고 일본은 약 9.5퍼센트에 불과해. 하지만 절대적인 가치로는 아래 표에서 보듯이 프랑스는 다른 국가들에 비해 아주 열악한 환경에 있는 것을 알 수 있어.(2008년에 조사한 이 수치들은 2012년 현재 사용할 수 있는 가장 최근 조사치이다.)

국가	학생 1인당 연간 공교육비 -고등교육(2008)
미국	29,910달러
스위스	21,648달러
스웨덴	20,014달러
노르웨이	18,942달러
덴마크	17,634달러
네델란드	17,245달러
독일	15,390달러
영국	15,310달러
일본	14,890달러
프랑스	14,079달러
이탈리아	9,553달러
한국	9,081달러
러시아	6,758달러

출처_한국 교육 개발원, OECD 교육 지표

유럽연합 속에서의 교육

유럽연합은 교육과 관련해서 공동의 목적을 가진 스케줄을 가지고 있어. 이는 2020년까지 운영되는 '성장과 고용을 위한 리스본 어젠다'[2]를 기본으로 하는 것이야. 이는 '교육과 전문 훈련을 노동시장이 제시하는 요구에 가장 적합하면서도 매력적일 수 있도록 변화시켜야 한다.'라는 내용을 담고 있어서 대학도 '노동시장의 필요를 더욱 충족해야만' 하게 되었지(유럽연합 의회 교육 위원회, 2009). 하지만 해방을 위해 교육을

---

2 2000년 3월 포르투갈의 수도 리스본에서 유럽연합 15개국 정상들이 합의하고 서약한 유럽연합의 장기적인 발전 전략

이야기하는 사람들을 기대하는 헛된 꿈을 꾸지는 말자, 그런 사람들은 더 이상 없으니. 교육은 이제 취업과 관련된 것일 뿐이야.

2010년을 위한 유럽연합이 세운 과도기적 주요 목적 중 하나는 올바로 글을 읽지 못하는-지역신문과 같은 '일반' 신문에 실린 기사를 한 번에 읽어 이해하지 못하는-15세 청소년 비율을 20퍼센트로 줄이는 것이었어. 왜냐하면 프랑스에서 이 비율은 2000년에 21.3퍼센트에서 2006년에는 24.1퍼센트로 늘어났기 때문이야. 이 지표들은 유럽 전체에서 교육이 상당히 퇴보하고 있음을 보여 주는 것으로 기초 지식을 습득하는 것을 통해 이를 측정할 수 있어. 유럽연합 내 성인(25~64세) 중 24퍼센트가 고등교육(고등교육 기관의 학위 소지자)을 받았는데 이는 미국이나 일본(40퍼센트)보다 상당히 낮은 수준이야. 이제 유럽연합은 2030년까지 성인 40퍼센트가 특별 전문 학위를 획득하는 것으로 새롭게 목적을 세웠어.

tip 프랑스식 사회적 승강기

프랑스에서는 제2차 세계대전 이후로 가장 낙후된 사회계층이 사회적 상승을 할 수 있도록 보장해 주기 위해 애써 왔어. 가장 빈민층 가정에서 자라는 아이들에게도 학교에 다닐 수 있는 기회와 전문 교육을 받을 수 있는 가능성을 열어 주고, 평등한 기회를 제공했지. 이러한 프랑스 사회적 승강기는 오랫동안 유럽 국가 대부분에서 중요한 선례로 언급되어 왔어. 하지만 오늘날에는 노동자와 봉급생활자 중 3분의 2가 그 자녀들도 노동자나 봉급생활자가 되고 있어. 반면 부모가 임원인 자녀들은 대부분 그들도 임원을 하고 있지. 그럼에도 불구하고, 이들은 사회적인 '하락'을 말해. 이것은 점차 자기 부모만큼 높은 위치에 오를 가능성이 줄어들기 때문이야.

사회계층이 결정되는 데에는 그랑제콜[3]이 가장 큰 힘을 갖고 있어. 그런데 서민 출신 계층인 청년은 사회적 상위 계층인 청년이 그랑제콜에 입학하는 것보다 최소 20배는 더 기회가 적어. 그리고 에콜 폴리테크니크[4] 학생 중 1퍼센트가 노동자나 봉급생활자의 자녀인 반면, 노동자와 봉급생활자는 프랑스 전체 사회에서 약 60퍼센트를 차지하고 있지. 반대로 에콜 폴리테크니크 학생들 중 절반가량은 부모님들이 교육자인 것으로 나타났는데, 이는 가장 유리한 계층은 학력이 높은 사람들이라는 것을 보여 주는 거야.

3 프랑스 전통적인 엘리트 고등교육 연구 기관이다.
4 그랑제콜 가운데 하나

이를 둘러싼 논쟁이 얼마나 많은지! 정부가 학습 허용 카드에 대해 '교육기관 내 사회적 다양성과 기회의 평등이라는 혜택을 주기 위한 수단'이라고 아무리 주장한다 해도, 반대자들은 분명한 반대 의견을 제시하지. 문제가 되는 상당 부분은 특례를 얻게 될 가능성에 있다는 거야. 법에 근거해서 '장애 학생, 해당 교육기관 인근 지역에서 중요한 의료 치료를 받는 학생, 재능 장학생, 사회적 장학생, 특별 학업 과정을 들어야 하는 학생, 형제나 자매가 원하는 교육기관에 다니고 있는 학생, 연결 지역 안에서 위치하는 거주지가 원하는 학교 인근에 있는 학생들'에게 이 혜택이 주어지거든. 여기에서 '특별 학업 과정'이란 모든 흔하지 않은 선택 과정들을 위해 만들어진 것이야. 예를 들면 모든 교육기관에서 가르칠 수 없는 것들로 중학교에서 하는 음악 수업, 아주 드물게 배울 수 있는 현존하거나 과거의 언어들-고대 그리스어, 러시아어, 중국어-을 가르치는 수업 등을 말해.

훌륭한 학업 성적을 거둔 우선 교육 지역 출신 학생들에게는 이 학습 허용 카드를 이용해 다른 지역에서 교육을 받을 수 있도록 교육부에 요구할 수 있어. 따라서 실력이 없는 학생들(학교 기준에 따라서)은 그들끼리 모일 수 있는 가능성이 더 높아지는 것이고, 이것은 북미와 유럽으로 흘러가는 빈민국들의 '두뇌 유출'과 비슷한 현상으로도 볼 수 있지. 부모가 벌어들이는 수입이 충분한 학생들이 사립 교육으로 방향을 돌리는 것도 우선 교육 지역을 떠나게 되는 방법 중 하나라는 것을 잊으면 안 될 거야.

9장
내 건강은 나만의 일일까?

몸은 내 것이지만 내 건강도 마찬가지일까?
나에게 내 몸을 돌볼 수 있는 권리가 있을까, 없을까?
나는 내가 원하는 방식으로 건강을 관리할 수 있을까?
가장 중요한 것은 무엇일까?
내 스스로 한 선택일까, 보건체육부, 세계보건기구,
의사들 사이에서 균형을 잡기 위해 내리는
결정이나 약학 산업이 이익을 얻기 위함일까?

실뱅 이야기
나의 꿈 이야기

초인종이 끈질기게 끊임없이 집요하게 울렸다. 그 소리는 내 머리를 뚫는 나사처럼 나를 잠으로부터 괴롭게 끄집어냈다. 어머니가 부엌에서 나오면서 투덜거리는 소리가 들렸다.

"아니, 이 시간에 도대체 무슨 일이야? 누가 이렇게 장난을 치는 거지?"

이제는 성이 난 듯, 초인종은 계속 울려 댔다.

"알았어, 알았다고. 이러다 초인종 고장 내겠네!"

나는 자명종을 쳐다보았다. 오전 6시 30분이다. 아버지는 벌써 오래전에 나가셨을 시간이고, 내가 학교에 가기 위해 일어나려면 아직 20분이 더 남은 시간이다. 다시 잠에 들기 어려울까 봐 재빨리 이 졸음이 멀리 도망가지 못하도록 베개 밑에 머리를 파묻었다.

초인종 소리는 끝이 났다. 하지만 이제 누군가가 말하는 소리가 들린다. 마치 입가에 손을 대고 말하는 듯 말소리가 내

귓속으로 흘러 들어왔다. 내 머리 위에 베개를 올려놓고 꾹 눌러 막고 있는데도 이 효과는 계속되었다. 갑자기 다른 어떤 소리보다 분명하게 한 단어가 들렸다. 바로 내 이름, 실뱅이다. 이제 다시 잠들려고 애써 봐야 소용없게 되었다. 분명한 것은 나와 관련된 일이라는 것이다. 머리가 복잡해지면서 두려워졌다. 엄마는 이제 아침 손님들한테 단단히 화가 나신 모양이다.

"아니, 이따가 다시 오시면 되잖아요. 안 된다고요! 도대체 이렇게 이른 아침에 사람들이 집에 갑자기 들이닥치는 법이 어디 있어요?"

"부인, 이렇게 반항할 권리가 없으십니다. 이제 저희 업무를 보도록 도와주셔야 합니다."

"이제 꺼지라고요!"

몸싸움하는 소리가 들렸다. 어머니는 문을 다시 닫으려 하고 누군가가 이를 막고 있는 것이 분명하다. 피가 거꾸로 솟는 것 같았다. 재빨리 바지를 입고 복도로 뛰어나갔다. 무엇보다 이들이 원하는 것은 바로 나다. 그러니 내가 이를 해결해야 한다.

엄마 말이 맞았다. 이건 말도 안 되는 일이며 아주 못된 장난질이다. 제복을 입은 경찰 세 명 모두 코 위에 오리 주둥이들을 하나씩 달고 있었다! 하지만 축제 기간도 아닌데 무슨 일이지? 나는 정말 이 상황을 이해해 보려고 노력했지만 내 머리는 더 천천히 돌아가는 것 같았다. 그래, 맞아! 마침내 그 것은 보호 마스크로 유명한, 독감에 심하게 걸렸을 때 착용해야 하는 M20 DIVA 방진 마스크(FFP2D)라는 것이 생각났다. 끝 모양이 납작한 형태여서 오리 주둥이처럼 보인 것이다.

경찰 한 명이 문을 닫으려는 어머니에게 대항해서 반대로 문을 열기 위해 애쓰고 있고 다른 두 명은 현관 입구를 둘러싸고 서 있었다. 문을 잡고 있던 경찰이 말을 했다.

"이렇게 저희에게 대항하시면 안 됩니다. 당신 아들에 대해 이해하고 받아들이셔야 합니다. 다른 사람들처럼 하셔야 합니다. 그랬다면 저희가 여기 오지도 않았을 것입니다."

내 머릿속에서 폭풍이 일었다. 내가 다른 사람들처럼 하지 않은 것이 무엇이지? 생각이 나지 않는다……. 아! 어제 아침 백신 접종. 보건안전국이 모든 학생에게 의무 접종을 하기 위해 학교 체육관에 왔을 때 나는 무서워서 샤워실에 숨어 있었다. 그 일 때문인가?

나는 소리쳤다.

"무슨 이런 단순한 일로 경찰들이 집에 쳐들어와요. 이건 아니죠. 머리가 좀 어떻게 된 거 아니에요. 말도 안 돼!"

대답이라도 하듯 문지방에 서 있던 경찰 두 명이 나에게 달려들었다. 작전은 신속하게 이루어졌다. 그들은 순식간에 내

팔을 등으로 돌려서는 수갑을 채웠다.

어머니는 그들이 하는 짓을 보고는 날카로운 비명을 지르셨다. 나는 어머니가 곧 기절하실 것만 같았다. 또 다른 경찰도 그것이 염려가 되었는지 어머니를 안심시키려고 애썼다.

"백신을 맞지 않은 사람들만 백신 센터로 데리고 가는 것입니다. 그게 다예요. 다시 보내 드릴 테니 너무 걱정 마세요."

그들은 뛰는 걸음으로 나를 집에서 끌어냈다. 어리석은 일이긴 하지만 내 머릿속에는 한 가지 생각밖에 나질 않았다. 이 오리 머리를 하고 있는 두 마리 짭새들에게 끌려가는 내모습을 아무도 보지 않기를. 다행히도 이 시간에 건물 로비는 텅 비어 있었고 우리를 기다리며 경보등을 깜박거리는 파란 후송차가 있는 거리에도 마찬가지였다.

몇 킬로미터를 주행한 후에 우리는 산업 단지를 가로질러 임시로 만든 백신 센터에 도착했다. 하여튼 정면에 붙어 있는 간판에 그렇게 적혀 있었다. 나는 두 경찰 사이에서 여전히 양팔을 꽉 붙들린 채 그곳으로 들어갔다. 이 경찰들이 이렇게 주의하는 것은 옳은 일이었다. 나는 무시무시한 범죄자, 상당히 위험한 녀석이었다. 바로 작은 주사를 피해 도망간 녀석 말이다, 참나.

그런데 이른 아침부터 단속에 걸려서 온 사람이 나만이 아닌 것을 알 수 있었다. 거기에는 나처럼 금속 가림막 두 개 사이에서 일렬종대로 줄을 서서 기다리는 사람들이 수없이 있었다. 건달들, 부랑자들뿐만 아니라 어린아이와 함께 온 가족들, 서로 붙어 있는 노부부들, 내 또래로 보이는 남자아이들과 여자아이들도 있었다. 그런데 유독 한 여자아이가 내 눈에 띄었다. 등을 보이고 서 있었는데 긴 검정 머리카락은 허리까지 흘러내렸고 몸에 맞지 않는 아주 커다란 원피스를 입고서는 고개를 약간 수그리고 있었다. 우리 반 오리잔느? 걔도 어제 아침에 주사를 피해서 샤워실로 도망쳤다는 건가? 나는 오리잔느를 불렀지만 사람들이 너무 세차게 앞으로 미는 바람에 그 아이가 맞는지 확인하기 위해 몸을 돌리는 것 자체가 불가능했다.

문이 하나 보인다. 경찰들은 앞에 줄 서 있는 사람들을 비켜나게 하더니 나를 위해 문을 열었다. 나는 특별 대우를 받을 권리가 있다. 나는 두 줄로 길게 서 있는 다른 사람들처럼 기다리지 않아도 된다. 그런데 왜? 방 안에 들어서니 의자들과 초록색 철판으로 된 장식장과 옷장이 가로로 놓여 있었다.

소독약 냄새가 진동했고 먼지 낀 유리 창문을 통해 중천에 뜬 햇빛이 가득 들어오고 있었다. 방 안쪽으로 더 들어가니 회색빛 책상이 하나 있고 책상 위에는 스테인리스 상자들과 알코올에 적신 솜이 박스 안에 가득 차 있다. 책상 뒤쪽으로는 의사복을 입은 젊은 남자가 마찬가지로 오리 마스크를 한 채 앉아 있었다. 그는 나를 향해 강철색 눈을 들더니 이제까지 두드리고 있던 노트북 컴퓨터 화면을 내버려 둔 채 나에게 말을 건넸다.

"그냥 그대로 있을래, 아니면 수갑을 풀어 줄까?"

친절한 목소리였다. 나는 고개를 끄덕였고 처음으로 내 마음에 드는 선택을 했다. 이제까지는 내 선택이 거의 없었다.

경찰들이 수갑을 풀어 줬다. 의사복을 입은 이 젊은 남자가 경찰들에게 복도에서 기다리라고 말했다. 경찰들이 나가고 문은 내 등 뒤에서 달카닥거리며 다시 닫혔다.

"너는 네가 다른 사람들에게 위험한 요소가 되고 있다는 걸 알고 있니?"

나는 눈을 커다랗게 뜨고 그를 쳐다보았다. 처음 듣는 소리였다! 오히려 나는 위험하지 않은 사람이다, 아주 심할 정도로. 특히나 내 학교생활을 종종 썩어 버리게 만드는 두세 녀석들 앞에서는 더욱 그러했다.

"그래, 너는 위험 요소야. 바로 네가 잠재적인 감염 진원지라고. 시민 정신이라니! 너는 국가적 백신 접종 사업을 박살 내는 데는 몰지각한 사람 한 명이면 충분하다는 것을 알긴 하는 거니? 바로 너같이 무책임한 사람들 때문에 도시 전체에서 이른 아침부터 전격적인 작전을 수행해야 했던 거야. 네가 백신 접종을 피하는 바람에 네 가족, 네 친구 전체, 나아가 말할 필요도 없이 사회 전체가 위험에 빠질 뻔 했다는 거야. 이제 깨닫겠니?"

"만약 모든 사람이 백신을 맞는다면 저 하나쯤은 안 맞아도 되는 거 아닌가요?"

몇 초 동안 내 대화 상대는 말을 하지 않았다. 그 눈빛만으로 나를 태워 재로 만들어 버릴 기세로 나에게 시선을 고정하고 있었다.

"내가 설명해 줄게. 나 같은 평범한 사람이 백신을 맞아 예방하려는 H51N31바이러스가 너를 건들게 되면 바이러스가 네 장기에 퍼지게 될 거야. 그런데 넌 백신을 제때 맞지 않았잖아. 그럼 바이러스는 또 다른 곳으로 옮겨 가면서 훨씬 독한 다른 형태로 변하게 된다고. 상상해 봐. 그럼 너는 박테리아 폭탄을 지닌 사람이 되는 거야. 이해가 되니? 너는 우리 모두에게 위협적 존재가 되는 거라고. 그러니 네가 자유롭게 도망가도록 위험을 무릅쓸 수는 없지 않겠니."

"아마 이미 그럴 수도 있겠는데요. 전 아주 강한 바이러스에 걸린 친구가 하나 있거든요."

나는 오리 마스크 때문에 의사복을 입은 아저씨의 입을 볼 수는 없었지만 분명 의미심장한 미소를 지었을 것이라고 확신한다.

"그렇지, 바로 그거야. 그래서 우리는 그 방어책을 찾은 것 같단다. 너에게는 새로운 백신, 멀티박을 주어야겠구나. 너 같은 아이들을 위해 준비한, 아주 특별한 것이지."

그는 앞에 놓인 금속 상자를 열어 주사기 한 개와 작은 유리병 두 개가 들어 있는, 투명한 포장 용기를 하나 꺼냈다.

"멀티박은 호흡기 바이러스 감염에서 존재할 수 있는 가장 악질적인 바이러스를 이겨 낼 수 있는 백신이란다. 이것은 바이러스가 만들 수 있는 모든 조합을 막을 수 있는 것으로 알려져 있지."

그런데 그가 한 말 속에서 무언가가 나에게 의심을 가져다주었다.

"그럼 왜 이 백신을 모든 사람에게 주지 않는 거죠?"

그러고는 곧 그 증거를 이해했다.

"위험한 거죠, 그렇죠? 부작용이 있나요?"

"달걀을 깨지 않고는 오믈렛을 만들 수 없지."

"완전히 미쳤군요! 내가 지금 실험용 쥐 대신 사용되어야 하는 건 아니잖아요!"

"자, 이제 이 난장판은 그만두도록 하자. 다 끝났어. 내가 다시 경찰을 부르게 하지 마라."

"당신이 이렇게 하도록 내버려 두지 않을 거예요. 나는 당신이 의사이긴 한지도 잘 모르겠네요."

"네 말이 맞아. 난 의사가 아니야. 나는 이 의무 백신 접종 사업을 위해서 동원된 인력이지. 난 내 일을 하는 거야. 난 약대 학생이고."

앞으로 그가 백신을 만드는 제약 회사에서 일하게 되는 것은 분명한 사실이다! 이제 더 이상 견딜 수가 없다. 나는 흥분하기 시작했다.

"나는 멀티박을 안 맞을 거예요. 아무도 내게 이걸 강요할 수는 없어요. 여기는 민주공화국이라고요. 그렇지 않나요?"

그 학생은 포장 용기에서 주사기를 꺼내더니 첫 번째 유리병 뚜껑에 바늘을 끼워 넣으며 말했다.

"분명히 하자면 우리는 민주공화국에 살고 있지만 너는 법에 순종해야 해. 백신 접종은 의무적인 거야. 자, 이제 하자. 아무렇지도 않아. 아닌가? 넌 좀 아픈 걸 좋아하니? 그런데 네가 선택할 순 없단다."

나는 화가 폭발하는 것을 느꼈고 더 이상 이 오리 마스크로부터 나오는 턱없는 거짓말을 참을 수가 없었다. 나는 소리를 지르면서 벌떡 일어섰다.

"우리는 우리가 원하는 대로 할 거라고, 이 바보 양반아!"

나는 있는 힘을 다해 책상을 밀었고 그 약대 학생은 뒤로 고꾸라지면서 머리 위에 엉덩이가 올라올 정도로 몸이 접혀 버렸다. 나는 문 쪽으로 달려가 엄청난 소리와 함께 어깨로

문을 밀쳤다. 경찰들이 소리를 듣고 왔을 때 난 이미 창고를 상당 부분 가로질러 도망치고 있었다. 나는 도망가면서 만나는 사람들에게 소리쳤다.

"도망치세요, 도망치시라고요! 우리를 실험용 쥐 대신 쓰려고 하는 거예요!"

공포의 바람은 금방 창고 안에 불기 시작했다. 전염성 있는 것은 바로 내 목소리였다. 완전히 무기력해 보였던 사람들이 이제는 가림막을 밀어내고는 소리를 지르면서 사방으로 뛰기 시작했다. 나는 이 소란을 틈타 건물 뒤쪽으로 달려갔다. 거기에 비상구가 있을 것 같았다. 적어도 그러길 바랐다. 건물 입구에는 경찰과 의사복을 입은 사람들이 우글거리고 있었기 때문이다. 누군가가 옆에서 나를 바싹 따라온다고 느낀 것은 몇 미터 남지 않았을 때였다. 오리잔느! 조금 전에 봤던 그 아이였다.

나는 손으로 그 아이를 잡아챘다.

"가자, 도망가. 이 정신병자들 손안에 있으면 안 돼."

오리잔느는 한마디도 하지 않고 내 뒤를 따라왔다. 이 아이는 학교에서도 그랬다. 나는 애가 말하는 것을 거의 들어 본 적이 없다. 우리 뒤쪽으로는 상황이 이제 폭동 수준으로 바뀌었다. 젊은 사람들 중 남자들은 가림막을 붙들고는 입구 쪽을 차지하기 위해서 희생양이 되어 주고 있었다. 그 뒤로는 경찰과 백신을 놓는 사람들에게 욕을 퍼부으며 이들에게 힘을 북돋아 주고 있었다.

나는 건물 뒤쪽에서 달팽이 모양으로 생긴 철제 계단을 발견했다. 나는 그곳으로 내려갔고 오리잔느도 내 손을 움켜잡고 따라왔다. 계단들은 우리가 밟을 때마다 지옥 같은 소음을 냈지만 아무도 우리에게 관심이 없는 것 같았다. 마침내 우리는 위층으로 올라왔다. 이상한 곳이었다. 바로 지붕 아래였는데 지붕을 지탱하는 철 골조들은 신비한 방주 같았다. 불규칙적으로 부딪히면서 소리를 내는 환풍기 사이로 빛이 들어오고 있었다. 반대편에 좁은 문 위로 초록색 희미한 불빛을 찾아냈다. 바로 '비상구' 표지판이었다.

"가자, 저쪽이야. 문이 잠겨 있지 않길 바라야지. 근데 넌 여기에 어떻게 왔니?"

그 아이는 주저하더니 아주 작은 목소리로 말했다.

"난 보건국 남자들이 내 몸에 손을 대는 것이 싫었어. 주사 놓는 것도 그랬지만. 최소한 여자가 한 명이라도 있을 수 있었을 텐데 말이야."

"너 진짜로 이상한 여자애구나. 그거 아니?"

나는 얼굴을 자세히 보려고 그 아이 쪽으로 몸을 돌렸다. 그때서야 나는 오리잔느가 우리 반에 전학을 온 뒤로 한 번도 자세히 그 아이 얼굴을 본 적이 없다는 것을 깨달았다. 항상 지금 막 고물상에서 가지고 나온 것 같은 옷이며 대화하는 중에 멀리 떨어져 있는 태도며 아래만 바라보고 있는 얼굴, 마치 모든 남자아이가 위험한 놈인 것처럼 피하는 태도만 신경이 거슬렸다. 그런데 지금 나는 이 아이가 예쁘다는 것을, 특히 눈이 참 예쁘다는 것을 발견한 것이다.

"무슨 일이야, 오리잔느?"

그 아이는 내 등 뒤에 있는 무언가를 쳐다보고 있었다. 그리고 분명히 그 눈에는 눈물이 가득 차 있었다.

"안 돼…… 실뱅!"

무언가가 내 목을 세차게 때렸다. 말벌에게 쏘인 것 같은 날카로운 충격이었다. 나는 뜨거운 것이 내 온몸으로 퍼지는 것을 느꼈다. 다리는 더 이상 버티고 서 있을 힘이 없었다. 무슨 일이 일어난 거지? 나는 불빛 아래에 있는 문 쪽을 바라보기 위해 몸을 반쯤 돌려 보려고 있는 힘을 다했다. 문은 활짝 열려 있었다. 그리고 의사복을 입은 남자가 권총 같은 것을 들고 있는 것을 보았다. 그것에는 유리병처럼 생긴 주사기통이 달려 있었다. 나는 무릎을 꿇었다. 눈앞이 흐려지면서 쓰러질 수밖에 없었다. 오리잔느가 내 옆에 무릎을 꿇고서 내 어깨를 잡고 말했다.

"안 돼, 안 돼……."

나는 몸을 일으키기 위해 초인간적인 힘을 발휘했다. 겨우 눈을 떴다. 어머니가 힘차게 나를 흔들고 계셨다.

"실뱅! 넌 자명종 소리도 못 듣니? 5분이 넘도록 내 귀청이 다 터지게 울리더라."

나는 아무 대답도 하지 않았다. 어머니는 나에게 물었다.

"너 좀 이상하다. 무슨 일 있니?"

"꿈을 꿨어요. 아주 나쁜 꿈."

종소리가 났다. 나는 소스라치게 놀랐다. 이번에는 자명종 소리가 아니라 초인종 소리였다.

어머니는 나에게 '왜 그러느냐.'라는 눈빛을 보내면서 투덜 거리셨다.

"아니 이렇게 일찍 도대체 누구냐?"

나는 오싹한 기분을 느꼈다. 거칠게 누르는 초인종 소리가 계속 났다.

나는 질끈 눈을 감았다. 곧이어 어머니가 화가 나서 소리치 시는 것이 들렸다.

"알았어, 알았다고. 이러다 초인종 고장 내겠네!"

실뱅 G.

추신. 이것은 고등학교 신문 다음 호를 위해 제가 쓴 소설입니다. 신문에 실 리기를 기대해 봅니다. 고맙습니다.

의무적 건강

언뜻 보기에 건강은 개인에게 있는 자유의지와 관련한 것으로 보여. 하지만 개인이 사회에 사는 한, 한 개인의 건강이 다른 사람들에게도 피해를 줄 수 있기 때문에 사회는 마땅한 규범을 마련할 수밖에 없어. 특히 전염병 같은 경우가 그러하지.

각 개인에게 건강에 대한 자유는 오래전부터 상당수 의무 사항을 통해 제한되어 왔어. 백신 접종은 그중 하나야. 프랑스에서는 18개월이 넘지 않은 영아에게 세 가지 백신, 즉 디프테리아, 파상풍, 소아마비(DT Polio) 예방 백신을 의무적으로 접종하도록 하고 있어.

이 세 가지 백신을 의무 접종하지 않으면 부모들은 형사적·행정적 처벌을 받게 될 수 있어. 다른 백신들은 권고 사항이기만 하거나 일부 직업에 대해서는 필수적이기도 해. 그런데 자신들은 합법적이라고 주장하는 단체나 모임들이 약학 산업에서 제시하는 백신 부작용에 관한 위험성을 폭로하면서 백신 접종을 의무적으로 해야 하는 것에 대해 비판하고 있어.

백신 접종 외에 또 다른 의무는 의사에게 부여되는 것으로 전염적인 성격을 띤 특정 질병이 환자에게서 발견되면 행정 당국에 신고해야 하는 것이야. 관련 질병은 30개 정도 목록이 만들어져 있어.

한국에서는 만 12세까지 접종해야 하는 국가 필수 예방접종이 열 가지 있다. 결핵(BCG, 피내용), B형 간염, 디프테리아/파상풍/백일해(DTap), 폴리오(IPV), 디프테리아/파상풍/백일해/폴리오(DTap-IPV), TdaP, 홍역/유행성이하선염/풍진(MMR), 일본뇌염(사백신), 수두, 파상풍/디프테리아(Td)

약학 산업의 로비

제약 회사와 관련한 사람 2만 명가량이 제약 회사에서 생산한 약이 어떤 장점을 갖고 있는지 설명하기 위해 정기적으로 약국을 방문해. 이와 같은-종종 실무자들에게 배당금이나 상여금 성격을 띤 혜택을 주는 것으로 뒷받침되는- 집중 활동은 프랑스에서는 진료 가운데 90퍼센트가 약 처방을 받기 위한 것이라는 사실을 보면 분명 이상하다고는 할 수 없을 거야.

2009년 독감 예방 위원회에는 타미플루를 생산하는 제약 회사들과 정기적으로 참여하는 위원이 여덟 명 있었어. 이 약은 프랑스에서 엄청난 양이 팔렸고 같은 해에 '전국적 유행병'이었던 독감이 맹위를 떨치는 동안 상당하게 처방이 내려졌어. 하지만 〈브리티시 메디컬 저널〉에 따르면 이 약의 효과는 한 번도 증명된 바가 없었다고 해.

에이즈AIDS:책임과 자유

보건부에서 의무적으로 신고를 해야 하는 질병 중 HIV에 의한 감염을 포함하도록 결정한 것은 바로 1999년 일이야. 이와 같은 신고 방식에 대해 다양한 반응이 있었고, 경찰이 보유하고 있는 에이즈 바이러스 보균자들에 대한 신상명세서에 대해 불안감을 감추지 못하던 각종 학부모 연합회들은 그 방식에 반대했어.

다양한 협의를 거쳐 국가 정보화 및 자유 위원회는 신고하는 자료에 익명을 보장하는 시스템을 마련하도록 정부에 요구했어. 그리고 2001년 5월 16일 자 법령은 국가 정보화 및 자유 위원회에서 작성한 소견 중 상당 부분을 다시 취했지만, 그중 성행위와 관련된 개인 정보들만 기록하고 보관하도록 했어.

2002년 3월 에이즈/HIV에 의한 감염, B형 간염 바이러스, 파상풍 박테리아에 의한 증상이 나타나는 급성 감염들에 대해서 의무적인 공고와 관련된 법령안이 고용연대부[1]에 의해 국가 정보화 및 자유 위원회에 제출되었어. 이에 국가 정보화 및 자유 위원회는 출생 국적과 관련된 표시는 여기에 포함해서는 안 된다고 평가했어.

이렇게 2003년부터 에이즈 감염자는 의무적으로 신고를 하게 되었고, 이후 우리는 역학적 정보들을 보유할 수 있게 되었지.

의료 행위:전문가들에게만 엄격하게 제한되어 있는 행위

불법적인 의료 행위는 의료 자격이 없는 사람이 진단을 하고 치료를 권하거나 실시하는 것을 말해. 거짓으로 의사인 체하는 사람들 외에도 자신이 가진 능력과 활동에 따른 제한을 무시하는 것도 포함되지. 예를 들어 간호사가 약을 처방하는 것과 같이 의료 분야에 종사하는 사람들에게도 관련되어 있어.

의사뿐만 아니라 치과 의사, 약사, 조산부들은 '협회'라고 부르는 규율에 근거한 전문적인 기관에 속해 있어. 의사 협회는 공권력에 대항하여 해당 직업들을 대표하지. 또 의사라는 자격 부여 방식을 관리하고 각종 규칙을 제정해. 의사 자격을 갖춘 자들은 프랑스에서 적법한 의료 행위 수행을 위해서 의사 협회 명부에 등록을 해야 하고 협회

---

1 한국의 노동부

158

에서 인정한 의사 자격 윤리 규칙들을 준수해야 해.

만약 이 규칙들에 맞지 않는 행동을 한 경우 이를 위반한 의사는 제재를 받게 되는데 제명이라는 단순 징계부터 의료 행위 금지라는 제재까지도 받을 수 있어.

발전하는 제약?

고등 보건 당국에서는 한 약품이 개발되어 시장에 나오기 전에 해당 약품을 임상적 발전에 따라 분류하도록 하고 있어. 이 의학 서비스 향상ASMR: Amélioration du service médical rendu 분류는 실제 치료적인 효과에 발전이 있는 레벨 1부터 치료적 효과에는 발전이 없는 레벨 5까지 구분되어 있지. 그러나 지난 2007년에 사회보장국에 의해 환급된 약품 관련 비용이 상당히 증가했는데, 그중 가장 많이 환급한 약품 5개는 모두 의학 서비스 향상 분류 중 레벨 4와 5에 해당하는 것으로 밝혀졌어.

또한 2008년 시장에 나온 신약 전체 267개 중 239개가 의학 서비스 향상 분류 레벨 5에 속해 있어. 이는 치료학적으로는 전혀 발전이 없다는 것을 보여 주고 있어서 이와 같은 분류가 의미가 있는지에 대해 의문을 가질 수밖에 없지.

사회적 비용

프랑스는 2005년 국내 총생산 대비 29.2퍼센트를 사회비용 ― 그중 8.9퍼센트가 보건 분야 ― 에 할애하고 있는 것으로 나타났어. 이는 29.4퍼센트로 가장 높은 스웨덴보다는 약간 뒤지며 독일(26.7퍼센트), 벨기에(26.4퍼센트), 영국(23.1퍼센트)보다는 앞선 수치야. 한참 뒤에 일본(18.6퍼센트), 미국(15.9퍼센트) 그리고 터키(13.7퍼센트), 멕시코(7.4퍼센트)와 같은 나라들이 있어. 이를 보면 가난한 나라들은 부유한 나라들에 비해 국민 복지와 보건에 지출을 적게 하고 있는 것 같아. 이들 국가에서는 대다수 국민이 매우 안 좋은 상태여서 심히 걱정이 될 정도인데 말이야. 따라서 지출 비용과 지출 결과 간에는 분명한 연관 관계가 있다고 볼 수 있지. 물론 이 관계가 완벽한 비율로 나타나는 것은 아니지만 말이야.

치료 접근성

치료 접근성을 측정하기 위해서 가장 확실한 방법 중 하나는 전체 국민 수와 비교해서 의사 수를 알아보는 것이야. 분명한 것은 의사 수가 많을수록 치료 접근성이 용이하다는 것을 의미해. 하지만 일부 문화권에서는 의사에게 도움을 받지 않고, 오히려 전통적인 치료사를 선택해서 치료를 받는 경우가 있기 때문에 비교는 제한적일 수 있어.

그런데 다양한 인종이 사는 미국에서는 치료 접근성에 상당한 차별이 나타나. 공식적인 자료에 따르면 뉴욕에는 5개의 주요 인종, 즉 비히스패닉계 백인, 비히스패닉계 흑인, 히스패닉인(푸에르토리코인 제외), 푸에르토리코계, 아시아계가 살고 있어. 하지만 이 인종들이 거주하는 모든 지역은 서로 간에 겹쳐지는 부분이 있다 할지라도 지역별 영아 사망률에서 상당한 차이를 보이는 것으로 나타나. 흑인, 히스패닉, 푸에르토리코계인들이 주로 거주하는 지역에서 영아 사망률은 상류층 백인들이 거주하는 지역보다 무려 세 배나 더 높을 것으로 기록되고 있으니까.

국가	인구 1천 명당 의사 수
오스트리아	1.9명
스위스	3.8명
스웨덴	3.7명
독일	3.6명
이탈리아/덴마크/이스라엘	3.4명
OECD 평균	3.1명
호주	3.0명(2008)
벨기에	2.9명
영국	2.7명
미국	2.4명
일본	2.2명(2008)
한국	1.9명

출처_〈OECD Health Data, 2011〉, 2009)

tip 돌봄의 의무

병리학이나 심리적 불안이 위험하거나 불법적인 행동을 가져올 수 있을 때 '돌봄의 의무'를 요청할 수 있어. 이는 알코올이나 마약 중독에 빠져 있는 경우에 해당해. 하지만 '돌봄의 의무'는 법원에서 판결을 받아야만 요청이 가능하며 이미 판결을 받은 적 있는 사람들은 조건적 자유만 얻게 되지. 즉, 의학적으로 관리를 받아야 된다는 판결을 받지 않은 사람들에 대해서는 강요할 수 없어.

한편 유죄 선고를 받은 사람이 법사회학적 조사를 받을 때 적용되는 '돌봄 명령'이 법에 의해 마련되었어. '돌봄 명령'은 성 범죄자들의 욕구 억압과 범죄 예방 방법 및 미성년자 보호 방법과 관련되어 있어. 이와 같은 '돌봄 명령'도 의학 전문가에 의해 기소자가 치료가 필요한 대상이라고 결정이 내려졌을 때만 요청될 수 있어.

10장

국경은 누구를 위한 것이며
왜 필요한 걸까?

자유롭게 이동하고 제약 없이 왕래할 뿐만 아니라
우리가 원하는 곳에서 사는 것이 실제로 가능할까?
아니면 이는 각 국가가 강요하는 국경이라는
제한된 공간에서만 허락되는 것일까?

마리암 이야기

말리로의 여행

제목처럼 아주 독특하지는 않지만 뭐 괜찮다. 한참 뒤에 보면 더 나아 보일지도 모르니까. 나는 이제까지 한 번도 여행 일기를 써 본 적이 없다. 이것이 내 첫 번째 여행 일기가 될 것이다. 나는 이것을 티나, 민지, 기리자에게 보여 주려고 한다. 아마 케니도 볼 수 있겠지만 내가 여기에 무슨 내용을 쓰느냐에 따라 달라지겠지.

#내 방에서

정말로 흥분된다! 아니다, 더 심한 표현으로는 오늘 저녁 난 미쳐 버릴 것 같다. 제자리에 있지를 못하겠다. 내일이면 나는 날게 된다! 바로 비행기를 타는 것이다. 이제까지 한 번도 타 본 적이 없었다! 아빠와 함께 내일이면 말리의 수도, 바마코로 떠나게 된다! 난 문장이 끝날 때마다 느낌표를 한 열다섯 개씩 쓰고 싶은 심정이다. 고맙습니다, 우무! 우무는 아빠가 어머니라고 부르는 분이시다. 그런데 내가 '할머니'라고 하기에는 좀 힘이 든다. 한 번도 뵌 적이 없기 때문이다. 목소리만 들은 정도인데 그것도 가끔 전화로 말이다. 하지만 나는 우무가 말씀하시는 것을 절반도 이해하지 못한다. 말리는 아빠가 지금으로부터 25년 전에 떠나온 나라이다. 아빠는 프랑스 여자인 엄마와 결혼하셨다. 엄마는 파리 15구 출신이셨다. 아빠가 프랑스에서 살게 된 이후 아빠는 단 한 번, 아빠의 아버지가 돌아가셨을 때만 말리를 가셨단다.

이번이 두 번째 여행으로 아빠는 나와 함께 가게 되었다. 우무가 그렇게 결정하셨다. 세상을 떠나기 전에 가장 어린 손녀딸을 보고 싶으셨단다. 이제 자신에게 시간이 얼마 남지 않은 것 같다고 말씀하셨단다. 그리고 그 가장 어린 손녀딸이 바로 나다!

아빠는 우무를 설득하려고 애쓰셨다. 우무가 우리 집으로 오시도록 비행기 표를 사 드리겠다고까지 하셨다. 모든 절차를 다 밟아 드린다고도 약속하셨다. 아빠 생각에는 비행기 표를 두 장 사는 것보다 비행기 표 한 장을 사는 게 훨씬 더 좋은 방법이었을 것이다. 그러면 우무는 동시에 엄마도 또 내두 남동생 그리고 다른 가족들도 한꺼번에 볼 수 있으니까. 하지만 모두 헛수고였다. 우무는 아무도 알고 싶지 않단다.

어느 날 밤 아빠가 부엌에서 엄마에게 말씀하시는 것을 들게 되었다.

"어머니는 항상 그렇게 고집이 세셨어. 오시지 않으려고 하는 건 자기 같은 늙은 노인에게는 절대 비자가 나오지 않을 거라는 거야. 그리고 또 뭐라고 하시는지 알아? 하늘나라에 가려고 비행기를 탈 필요는 없다는 거야. 때가 되면 하나님이 직접 데리러 오실 거라나!"

엄마는 웃음이 터지는 것을 참지 못하셨다. 간신히 추스른 후 엄마는 물으셨다.

"그런데 어머님이 마리암을 보고 싶어 하시는 건 이해가 되는데요. 왜 조제프랑 모이즈는 아니에요?"

"나도 몰라. 어머니 머릿속에 무엇이 있는지 알 수가 있어야지. 하여튼 난 어머니 고집을 꺾을 힘도 없고 어머니는 내 말을 들으려고 하지도 않으신다는 거야. 내가 어머니 나이가 된다 해도 절대 어머니 맘에는 들지 못할걸!"

아빠는 일주일 휴가를 내셨고 우리는 부활절 방학이 시작하는 날 떠나기로 했다. 내 두 남동생의 얼굴 표정이란! 조제프와 모이즈가 자신들은 여행을 할 수 없다는 걸 알았을 때 (모두 함께 떠나려면 돈이 무지 많이 든다.) 나는 의료 구급대가 와야 될 것 같다는 생각을 했다. 자기들이 우리 집 수탉이나 되는 줄 아는 이 녀석들은 모든 것이 자기들 맘대로 되어야 한다고 늘 생각한다. 그런데 이번 일로 그 주둥이들을 딱

다물게 만든 것이다. 고맙습니다, 우무!

#르와시 공항

나는 이제까지 공항을 영화나 텔레비전 드라마에서만 봤었다. 내가 이곳에 있다는 것이 믿어지지 않는다. 탑승 대기실에서 기다려야 하는 시간이 아직도 두 시간이나 남았다. 아빠는 항상 늦을 것을 염려하시기 때문에 어디를 가든지 매번 미리 도착해야 한다는 강박관념이 있었다. 남은 시간을 면세점이나 구경하면서 보내면 얼마나 좋을까. 나는 스스로를 위로하면서 일기를 쓰고 있다.

바마코행 비행기 AF 2342기 접수대는 벌써 아프리카에 온 것 같았다. 우리 아빠처럼 많은 흑인이 있었고 비행기 표 발권을 하느라 약간 짜증이 난 직원들 앞에 피라미드같이 쌓여 있는 수많은 짐 가방, 박스, 트렁크가 줄지어 있었다. 잠시 후 젊은 여자 두 명이 왔다. 한 명은 키가 큰 금발 머리였고 또 한 명은 키가 작은 갈색 머리였다. 그 두 명은 약간 긴장한 것처럼 보였다. 나는 비행기 표에 문제가 있나 보다고 생각했는데 그것이 아니었다. 그녀들은 전단지 한 무더기를 꺼내더니 모두를 보고 말하기 시작했다. 우리 나라에서 한 남자, 우마르 마칸이라는 사람을 바마코로 쫓아내려고 한다는 것이다. 우리가 탈 비행기에 강제로 태울 것이니 우리가 그를 태우지 못하도록 기장에게 압력을 행사해 달라는 것이다. 두 여자 중 더 젊어 보이는 갈색 머리 여자는 그 남자는 다른 식구들과는 달리 정식 신분증이 없기 때문에 부인과 두 딸과 헤어져야 한다는 말을 하면서 눈에 눈물을 글썽거렸다.

한 사람이 의심스러워하는 목소리로 물었다.

"당신들은 그 사람을 어떻게 아십니까? 그리고 도대체 당신들은 누구입니까?"

금발 머리 여자가 침착하게 대답했다.

"저희 아이들이 우마르 마칸 씨의 딸들과 같은 학교를 다닙니다. 국경 없는 교육망에 계신 어떤 분이 저희에게 이곳에 오도록 조언해 주셨습니다. 그분들은 이런 일들에 대해 잘 알고 계셨습니다. 우리는 우마르 마칸 씨를 잘 압니다. 그는 프랑스에서 일하면서 산 지 7년이나 됐습니다. 정말 착한 분이에요. 제가 맹세합니다."

경찰이 도착한 것은 바로 그때였다. 두 여자는 소란을 피우지 않고 저항도 하지 않으면서 경찰을 따라갔다. 경찰이 여자들을 데리고 출구 쪽에 다다랐을 때 갈색 머리 여자가 우리 쪽으로 몸을 돌리면서 소리쳤다.

"제발 부탁드려요. 무슨 일이든 좀 해 주세요! 이렇게 한 아버지를 부인과 아이들에게서 떨어뜨려 놓을 수는 없습니다. 여러분에게 나쁜 일이 생기지 않을 거예요……."

나는 목이 메는 것을 느꼈다. 아빠를 쳐다보니 아빠 역시 당혹스러워하는 것 같았다.

#바마코행 AF 2342기, 에어버스 A340-300 안에서

나는 다시 침착해지기 위해서 글을 쓰려고 하는데 쉽지 않았다. 비행기는 16시 30분에 출발하는 대신 약 2시간 반이 지난 후에야 르와시 공항을 떠났다.

우리는 꽤 오랜 시간 모두 좌석에 앉아 안전띠를 하고 있었다. 갑자기 비행기 기체 앞쪽에서 소란이 일어났다. 누군가가 목이 터져라 소리쳤다.

"난 떠나고 싶지 않아요. 돌아가게 해 주세요. 떠나고 싶지 않다고요!"

강제로 비행기에 탑승하게 된 남자라는 것을 금방 알 수 있었다. 우리 앞줄에 앉아 있는 사람들 중 한 50세쯤 되어 보이는 남자가 자리에서 일어나더니 앞쪽으로 급히 나아갔다. 다른 사람들도 무슨 일이 일어나는 것인지 보기 위해서 몸을 일으켰다. 승무원들도 꽤 흥분한 것처럼 보였다.

그 남자는 계속 소리쳤고 일어서서 나갔던 승객도 말하기 시작했다.

"당신들도 이런 식으로 이 사람을 붙들 권리는 없잖아요. 이건 비인간적인 행위라고요. 비행기 기장님 나오라고 해요!

내 말 들려요, 기장 나오라고 하라고요!"

"당신 일이나 신경 쓰시오. 당신처럼 현자인 척하는 사람 흥, 내가 잘 알지!"

마지막으로 말한 사람은 경찰이 분명하다. '현자'라고 말하는 발음을 들어 보니 확실하다. 아마 이 단어를 외우려고 고생 좀 한 것 같다.

하지만 그 승객은 아랑곳하지 않고 계속 말을 했다.

"당신들은 그 사람을 동물처럼 등 뒤에서 허리를 잡아채고는 몰래 수갑을 채웠잖소! 당신들 세 명이 한꺼번에 그 사람을 내리누르는 건 야만적인 행동이라고요. 그만해요, 그러다가 숨 막히겠소!"

외치는 소리는 더 커졌다. 쫓겨 가게 된 남자의 소리, 현자의 소리, 경찰의 소리, 승무원들 소리…….

나는 안전띠를 풀었다.

"상관하지 마라, 마리암."

아빠가 말씀하셨다.

하지만 나는 이미 중앙 복도까지 휩쓸려 나가 있었다. 앞쪽에는 출입문 주변으로 승객들이 빽빽이 몰려 있었다. 그래서 무슨 일이 일어나고 있는지 사람들 사이로나 살짝 볼 수 있었다. 비행기 입구 연결 통로에는 경찰들이 가득했다. 문 쪽에서 경찰 세 명이 몸부림치는 한 남자를 마치 미치광이인 양

붙들고 있었다. 순간 경찰에게 붙들려 있는 남자 얼굴이 눈에 들어왔다. 얼굴에는 마스크가 씌워져 있었는데 미술가들이 쓰는 종이로 된 마스크였다.

이유는 알 수 없었지만 나는 이 마스크가 수갑보다 더 나쁘고 이 남자를 등 뒤에서 잡은 경찰들보다도 더 나쁘고 그 어떤 것보다도 더 나쁘다고 생각했다. 부리망, 그렇다! 부리망을 인간에게 씌워 놓은 것이다.

이제 내가 소리칠 차례였다.

"그것 좀 벗기세요! 그 불쾌하게 생긴 것 치우라고요!"

경찰 중 한 명이 나를 쳐다보았다. 아주 젊어 보였는데 자신이 하고 있는 일에 대해 자랑스러워하는 것 같지는 않았다.

"마스크는 우리 얼굴에 침을 뱉지 못하게 하려고 씌워 놓은 겁니다."

우리 앞줄에 앉아 있었던 승객, 그 현자는 끊임없이 기장에게 나오라며 소리치고 있었다. 결국 기장이 나타났다. 이 난리가 일어나게 된 이유를 들은 기장이 경찰에게 이 남자를 비행기에 태우는 위험한 일은 하고 싶지 않다고 말했다.

경찰 대장은 즉시 흥분해서 이야기했다.

"비행기 문이 닫혔을 때는 당신이 비행기를 책임지는 기장이지만 그러기 전에는 바로 우리라고요! 무슨 말인지 알아요? 우리! 소란 피우지 마시오. 우리는 친절한 국경 경찰들이라고요. 당신들은 내가 공화국 보안 기동대에 도움을 청하길 원하는 거요? 그 사람들 알죠. 비행기에 문제라도 생기면 독가스를 뿌려 버릴 녀석들이라고요."

"당신들은 이 남자를 이 비행기 끝 좌석까지 어떻게 데리고 왔는지 알아요?"

현자가 말했다.

"짐승처럼 바닥에 질질 끌면서 왔다고요!"

아빠가 내 어깨 위에 손을 올리는 것을 느낀 것은 바로 그때였다. 아빠가 말하는 목소리는 정말 커서 기내 앞쪽에 있는 모든 사람이 들을 수 있을 정도였다.

"여보시오, 우리 다른 승객들이 당신이 그렇게 하도록 내버려 둘 것 같소?"

그 경찰은 못된 눈빛을 한 번 보내더니 기장에게 말했다.

"좋소, 좋아. 우리가 비행기가 이륙하기 직전에 뒷문으로 이 남자를 올려 보내겠소. 우선 이 사람들에게 더 이상 소동이 생기면 항공기 운항을 취소해 버리겠다고 말하시오. 그럼 모든 사람이 다 피해를 보는 것이오."

#에어버스 A340-300 안에서

바마코로 착륙이 벌써 시작되었다. 방금 전 나는 글을 쓰다가 잠이 들어 버렸다. 착륙하기 전에 그 후의 이야기를 마쳐야 한다.

경찰들이 비행기 입구 연결 통로에서 우마르 마칸 씨를 데리고 나갔고 기장은 문을 닫으라고 명령했다. 승무원 두 명이 빗장을 질러 문을 닫고 확인을 했다. 이들은 약간 신경질적으로 보였다. 비행기는 몇 분 후에 움직였다. 이제 다 끝나고 마침내 떠나는구나 하고 생각했다. 하지만 비행기는 활주로 위를 조금 나아가다가 다시 멈추어 섰다. 스피커에서는 부기장이 이륙을 위해 활주로 이용 가능한 시간을 놓쳤으며 지금부터 약 30분 안에 다른 시간을 배정받을 수 있을 거라고 말했다. 나는 비행기 창문을 통해 회전 경보등을 단 파란색 경찰차가 비행기 꼬리 쪽 몸체 옆에 주차하는 것을 보았다. 하지만 문은 열리지 않았고 결국 경찰차는 다시 돌아갔다. 비행기 기장은 이륙이 임박했다는 것을 알려 주면서 기내에서 추방된 그 누구도 다시 기내에 오르지 않았다고 말했다.

"제 이름을 걸고 그리고 우리 모든 승무원 이름을 걸고 가장 쾌적한 비행이 되도록 최선을 다하겠습니다."

기내에 있던 거의 모든 사람이 박수를 쳤다. 1분 뒤에 우리는 이륙했다. '안전띠 착용'이라는 등이 마침내 꺼지자 그 현자라던 남자는 일어서서 화장실이 있는 뒤쪽으로 갔다. 그는 우리 옆을 지나면서 우리에게 엄지손가락을 들어 올려 보이며 윙크를 했다.

아빠도 그에게 웃으면서 대답했다.

"우마르 마칸 씨에게 행운이 있길 빌자고요."

"그래요, 당신 말이 맞소. 다시 부인과 아이들을 만나서 자신이 살고 싶은 곳에서 평화롭게 살게 되길 바랍니다."

#카라반 코로, 바마코 시 외곽

드디어! 도착했다! 우리는 말리, 바마코 시, 카라반 코로에서 멀지 않은 곳에 짐을 풀었다. 또다시 느낌표 세례!!!!!! 난 할머니 댁에 있다. 할머니는 항상 나를 곁에 두고 싶어 하신다. 내가 꼭 알아야 하는 것 1만 가지는 알려 주시려고 하시는 것 같다. 가장 나이 많은 노인과 가장 어린 손녀, 세대가 다른 이 두 여성을 연결해 주는 끈은 절대로 끊어져서는 안 된다. 바로 할머니가 나에게 해 주신 말이다. 그리고 나도 조금은 이해할 수 있을 것 같다.

어제저녁 바마코 세누 공항에 도착했을 때 나는 완전히 녹초가 되어 있었다. 입국 관리소를 지나면서 나는 다시 우마르 마칸 씨를 생각했다. 이곳을 지나면서 이번에는 내가 외국인이 된 기분을 느낄 수 있었다. 하지만 여기는 내 아빠가 나고 자란 나라이다! 의심스럽게 내 여권을 조사하던 경찰이 아빠 얼굴을 뚫어지게 쳐다보더니 위부터 훑어 내려가며 쳐다보았다. 내가 어떤데? 내 옷차림이 맘에 안 드나? 내 티셔츠와 청

바지가 자기 취향이 아닌 거야? 마침내 그 경찰이 내 여권에 도장을 찍어 주었다. 팔에 온 힘을 실어 거칠게 내리 찍었다. 잉크는 빨간색이었다. 마치 동물에게 찍는 낙인을 나에게 찍는 듯한 기분이었다. 이 행동은 나에게 마치 다음과 같이 말하는 것처럼 이해가 됐다.

"뭐, 프랑스에서 태어났으니 30일, 30일 비자야. 하지만 그 후에는 넌 끌려 나가게 돼. 여기에는 네 집이 없잖아. 그리고 네 피부색은 절대로 바뀌지 않는다는 것 잊지 마."

잠시 후에 나는 이 모든 것을 잊어버렸다. 게이트 밖으로 나오니 안전 차단대 뒤로 사람들 한 스무 명가량이 우리에게 손짓을 했다. 여자, 남자 그리고 웃고 있는 아이들 모두 우리를 부르면서 휘파람을 불고 노래를 불러 댔다. 이 사람들 무리 한가운데에 한 노인이 있었다. 마치 신하들에 둘러싸인 여왕처럼. 우무였다. 우리는 눈이 마주쳤고 마치 호두처럼 짜글거리는 우무의 얼굴에 미소가 번졌다. 나는 우리가 금방 친해지고 서로 사랑하게 될 것이라는 걸 금방 알 수 있었다.

그래, 바로 우무였다. 나는 우무가 나를 안으면서 어색한 불어 발음으로 처음 했던 말들을 잊지 못할 것이다.

"그래, 우리가 이제야 만나는구나, 내 손녀딸. 봐라, 우리 마음에는 국경이 없단다."

마리암의 숨은 배경지식 찾기

프랑스 국적

프랑스 국가는 아주 오래전부터 존재해 왔어. 필리프 오귀스트(1180-1223)가 프랑스 왕으로 지명된 첫 번째 왕이야. 그런데 프랑스 왕국 주민은 오랫동안 자신들이 진짜로 프랑스 사람이라는 것을 느끼지 못했고 오히려 베아른[1] 사람, 프로방스[2] 사람, 베리[3] 사람이라고 생각했어. 또 지역별로 언어들도 상당히 달라서 브르타뉴나 바스크와 같은 지역 언어들은 프랑스어랑 완전히 달랐고 각 지역별로 상당히 다른 규범이나 법을 따르기도 했어. 이후 1789년에 혁명이 일어나 모든 지역에 동일한 법과 동일한 행정구역을 강요하게 되면서 나라를 하나로 연합해 갔지. 그에 따라 프랑스어도 서서히 통합되어 갔어.

'국적'이라는 단어는 19세기에 등장했어. 유럽에 국적들이 많이 생기던 때였지. 그래서 국가와 정부를 구분했어. '스스로 가져야 하는 국민의 권리'는 국경 안에 있는 정부에 각 국민이 가질 수 있는 권리를 의미해. 하지만 어떻게 국민을 구분했을까? 언어와 민족이라는 기준들, 아니면 실제 혹은 상상되는 외모적 모습들? 당시 상당수 국민들과 민족은 동일한 지리적 공간을 뒤얽혀 차지하고 있었으며 다양한 언어들을 사용하고 있었어. 그리고 스스로 주장하는 기준에 기초하면서 일부 정부나 정치 가문들은 외국인 혐오 사상이나 인종차별 사상을 발전시켰지. 이와 같은 상황은 제1차 세계대전을 가져왔고 동시에 오스트리아-헝가리 제국[4]을 붕괴시키면서 시간이 감에 따라 적의를 품은 좀 다른 '민족성'으로 결합하게 된 거야.

유럽연합 건설은 1950년대에 시작되었는데 이는 반대로 초국가적인 유일한 공동체로 국가들을 통합하는 것이었어. 하지만 국적에 따른 문제와 관련해서는 그다지 정해진 것이 없어.

---

1 프랑스 남동부의 옛 지방명
2 프랑스 남동부의 옛 지방명
3 프랑스 중부의 옛 주명
4 1867년 오스트리아와 헝가리인 귀족들과 타협하면서 오스트리아 황제가 헝가리 왕을 겸임하는 이중 제국이 성립되었다.

셴겐 지역

셴겐 협정은 1985년에 체결되었어. 이를 위해 독일, 오스트리아, 벨기에, 덴마크, 스페인, 핀란드, 프랑스, 그리스, 아일랜드, 이탈리아, 룩셈부르크, 노르웨이, 네덜란드, 포르투갈, 스페인 국가들이 다시 모였어. 셴겐 협정은 다음과 같은 내용을 담고 있어. '셴겐 지역 내부에서는 국경 관리를 없애며 이 서명에 사인한 국가에 속하는 모든 국민은 자유롭게 국경을 통과할 수 있어야 한다. 한편 이 구역 외부로는 국경을 강화한다. 공동 전자 여권이 셴겐 협정국들에게는 허락되어서 외부에서 온 개인들의 이동을 더욱 효율적으로 관리한다.'

하지만 동시에 우리는 '차 여과지' 같은 유럽(유럽 국민에게)이기도 하며 또한 '요새' 같은 유럽(셴겐 지역 외부 국민에게)에도 동시에 살고 있다는 것을 알아야 해. 외국인들은 유럽에 입국하는 데 항상 어려움이 있어. 일부 부유한 국가 출신들은 제외하고 말이야. 다른 사람들은 입국 비자를 얻기 위해 점점 더 많아지는 조건들을 만족시켜야 해. 출국 비행기 표를 가지고 있어야 함은 물론이고 거주하는 곳에서 프랑스인에게 확인서도 받아야 하며 이를 지키지 않을 경우 다시는 프랑스에 오지 않을 것이라는 신고서를 작성해야 해.

프랑스의 독특한 이주 정책

지난 2세기 동안 프랑스 이주 정책에 대한 방향 변화를 모두 이야기하려면 책 한 권은 써야 할 거야! 1974년 발레리 지스카르데스탱 정부는 이민을 받지 않기로 결정했어. 1973년에 일어난 유가 폭등으로 인해 프랑스에서 실업률이 최고로 높았는데도 불법 이주자들이 생겨나게 된 것은 바로 이때부터거든.

이주 문제는 1980년대 초부터 국가 정치계에서 항상 화두가 되었는데 이는 단순 공식인 '이주민=실업'이라는 것에 근거한 정치적 견해에 기초를 둔 국민전선Front national[5]이 입지가 높아지면서 생겨났어. 사실 실업률은 외국인 노동자들이 존재하는 여부와 직접적인 관련 없이도 높아졌다, 낮아졌다를 반복하는데 말이야. 이는 실업을 불러오는 원인이 다른 것에 있었기 때문이야. 경제적 현실은 이보다 훨씬 더 복잡하지만 이와 같은 민중 선동은 잘 되어 왔고 지금도 잘 되고 있는 듯 보여. 그래서 아직도 이주 정책은 국가적 불화를 설명하는 실제적인 주제가 되고 있어.

5 프랑스 중심주의를 표방한 프랑스의 우익 정당

'공동 발전'인가, '연대 발전'인가?

공동 발전은 프랑스 인재들이 타국에 나가서 영향을 주며 함께 발전하는 것이고, 연대 발전은 외국인들이 프랑스에 와서 능력을 익힌 후 자국으로 돌아가 자신의 능력을 본국에 전수하는 것을 말한다.

이는 정부에서 채택하고 있는 이주 정책의 성격을 말하는데 프랑스와 이주 국가가 동시에 혜택을 볼 수 있다는 것이야. 프랑스는 자국에 필요한 능력과 노하우를 정해 놓고 이를 가지고 있는 사람들에게는 쉽게 입국 허가를 내 주면서 자국에 불필요한 사람들의 입국은 거부하고 있어. 상당히 엄격한 실리주의적 관점이지. 안 그래? 발전은 국가 간 연대 발전일 수도 있는데 말이야. 왜냐하면 이주민들이 언젠가 본국으로 돌아가게 되면 그들은 프랑스에서 얻은 경험을 가지고 자국 국민에게 이익을 줄 수도 있다고 가정할 수 있기 때문이야. 하지만 가령 프랑스에서 일했던 엔지니어나 외과 의사들이 급여가 20~30배나 적은 자국으로 돌아가려고 할는지는 의심하지 않을 수 없긴 해. 그래서 공동 발전은 프랑스로 이주해 오는 외국인들과의 능력 교환이라기보다는 외국으로 떠나는 프랑스인들에 의한 타국과의 능력 교환으로 보아야 할 것 같은데 이와 공동 발전이라는 용어만 봐도 알 수 있을 거야.

하지만 세계화가 지리 경제적 상황에 따라 재빠르게 변화하면서 수많은 국가에서 시행할 이주 정책들이 앞으로 수십 년간 새로운 방향으로 나아갈 것이라는 건 예측할 수 있는 일이지.

tip 이중국적

이중국적은 두 국가에서 동시에 국적을 가지고 있는 것을 말해. 이와 같은 상황은 프랑스 법에서 임의적으로 예측한 것이 아니라 출생 시에 또는 그 후 얻어지는 것이지만 원칙적으로는 완전히 결정된 것은 아니지. 이는 종종 국제 협약에 따라 보안 및 수정해야 하는 대상이 되는 경우가 많아.

'프랑스 법은 프랑스인이 된 외국인에게 출신 국가에서 국적을 포기하라고 요구하거나 외국 국적을 가진 프랑스인이 프랑스 국적을 포기하도록 하지 않는다.'

11장
현실에 직면할 것인가, 도피할 것인가?

가상 세계는 우리 일상생활, 직장, 취미, 타인이나
세상과 맺는 관계에 점점 더 많은 부분을 차지하고 있다.
이제 정보 통신 기술은 현실 인식에 상당한 영향력을 끼치고 있다.
그 기술이 목적하는 것은 상호 간 의사소통을 더 잘되게
하기 위한 것인데 진정 그와 같은 기능만 있는 걸까?
우리 삶 속에 또 다른 의사소통 방식들은 어떻게 되었을까?
모든 것이 모니터를 통할 수 있고 또 통해야만 하는 걸까?

레오 이야기
히든 라이프

레오가 학교에 더 이상 나오지 않았을 때 아무도 그것을 알아채지 못했다. 오직 기리자만이 알았고 다른 아이들은 알지 못했다. 그 아이를 가장 잘 알고 있는 사람이 바로 기리자였기 때문이다. 기리자가 걱정하기 시작한 것은 이미 레오가 결석한 지 일주일 이상 지난 후였다. 하지만 우리가 그에게 관심이 없었던 것은 분명 레오에게도 책임이 있다는 것을 밝혀야겠다. 레오는 보통 아무에게도 말 한마디 하지 않았고 쉬는 시간이나 급식 시간이나 어디에서나 틈만 나면 항상 포켓 컴퓨터 속에 코를 박고 있었다.

"레오를 다시 볼 수 있을 것 같니?"

어느 날 나는 정보 센터에 친구들과 함께 있을 때 레오가 궁금해져 친구들에게 물어보았다.

"아마도 이사를 갔거나 아주 심하게 아플지도 몰라. 누구 소식을 들은 애 없니?"

"난 걔 별로 안 보고 싶어! 좀 약간 긱$_{geek}$[1]한 것 같아."

민지가 대답했다.

"목소리도 들은 적이 거의 없어. 아마 자기가 좋아하는 비디오게임이랑 거지 같은 게임 캐릭터, 거의 다 일본 것인 것 같던데 하여튼 그런 얘기할 때만 입을 열걸."

"긱이라고, 농담하니? 오히려 너드$_{nerd}$[2]지."

모르간이 정확하게 이야기했다.

"그래 너드, 두꺼운 안경을 쓰고 수학 잘하게 생긴."

기리자는 이 단어를 들어 본 적이 없었다.

"너, 너드라는 말 모르니? 네 아버지가 인도 분이시잖아, 기리자?"

"맞아. 퐁디셰리 출신이셔. 그렇다고 해도 당시에는 프랑스령이었대."

"내가 알기로는 인도 사람들이 정보과학 쪽에는 엄청 강하다고 하던데. 그러니까 너도 이 정도는 알아야지. 너드는 정보과학 천재들을 말하는데 다른 애들보다 훨씬 더 사교성이 떨어진대. 말하자면 심각한 병에 걸린 긱이지!"

우리는 웃음이 터져 버렸다. 정보 센터 선생님께서 소리를 낮추라고 손짓하셨다. 라시드가 온 것은 바로 그때였고 우리

---

1 영어로 괴짜
2 영어로 컴퓨터만 아는 괴짜

가 나누는 대화를 듣고는 말을 걸었다.

"너희 전혀 모르는구나. 레오는 노우-라이프no-life야!"

"엥, 그게 뭐야?"

세 여학생이 소리를 질렀다.

"노우-라이프는 컴퓨터랑 온라인 게임에 완전히 빠진 애들이야. 정말 중독이 되어서 나머지 일들은 모두 잊어버리지. 자신의 일, 가족, 친구, 사랑, 섹스, 모두!"

기리자가 결론을 내렸다.

"내가 잘 이해했다면 심각한 병에 걸린 너드네."

네 명은 모두 웃음보가 터져 버렸다. 너무 심하게. 결국 정보 센터 선생님은 출입문을 가리켰다. 무슨 말인지 확실히 알 것 같았다. 2초 안에 모두 정리하고 나가라는!

그래, 너희 나를 잘도 비웃는구나! 나는 우리 반 아이들이 나에 대해 무슨 말을 하고 무슨 생각을 하든지 상관없어. 어쨌든 나는 다시는 학교에 가지 않을 거니까. 그 조그만 구석에서 너희 같은 어린애들과 같이 있는 건 더 이상 견딜 수 없어. 물론 내가 등을 돌린다 해도 너희가 아무 상관도 하지 않을 거란 거 잘 알고 있지. 난 이제 내 방 밖으로 나가지 않을 거야. 삶 속에 더 이상 진정한 삶은 없어. 하지만 또 다른 삶이 있지. 나는 그곳에서 너희가 있는 여기보다 수천 배는 더 잘 살고 있어. 그곳에는 나와 비슷한 아이들이 나를 이해해 주거든. 그곳. 기리자, 모르간, 민지, 너희 듣고 있니? 너희 세계는 보잘것없고 썩어 빠져서 냄새가 난다고! 그리고 나는 너희처럼 되고 싶지 않아! 아, 그래 나는 너희가 무슨 말을 할지 알아. 또 무슨 말을 하고 있을지 짐작이 가네. 비디오게임이 얼마나 위험한지, 그 증거가 바로 레오라고! 모든 가상 세계에 존재하는 것들은 결국 사람을 미치게 만든다고, 그 증거는 또 레오! 매일 열 시간도 넘게 컴퓨터 앞에 있으면 결국 어떻게 되는지, 바로 레오를 보라고! 머리가 돌아 버린 레오!

산드라는 아무것도 할 수 없었다. 화가 극도로 치밀어 올랐다. 아들이 방에서 거의 나오지 않은 지도 거의 한 달이 다 되었다. 레오는 화장실 갈 때 또는 물을 마시러 가거나 냉장고에서 먹을 것을 휩쓸어 갈 때만 방 밖으로 나왔다. 문 앞에 식판을 놔 달라고 난동을 피운 후로는 그나마 마지막 이유로도 나오지 않고 있다. 산드라는 결국 양보할 수밖에 없었다. 아들 방에 들어가는 게 허락되어 들어갈 때마다 구역질이 올라오는 것만큼 눈에서는 눈물이 흘러내렸다. 창문은 항상 닫혀 있었고 곰팡이와 땀 냄새가 가득했다. 레오가 스스로를 가둔 방은 점점 돼지우리처럼 되어 갔다. 침대는 정리가 되어 있지 않았고 옷은 구석구석마다 쌓여 있었으며 휴지와 포장지들은 바닥에 널브러져 있었다. 그리고 혐오스러운 컴퓨터 모니터는 항상 켜져 있었다. 컴퓨터는 외눈박이가 되어 산드라를 비웃는 것만 같았다. 산드라는 당장에라도 컴퓨터를 풍비박산 내고 싶었지만 레오가 어떤 반응일지 너무 두려웠다.

처음에는 모든 것이 그저 일시적인 문제라고만 생각했다. 학교에서 뭔가 문제가 있거나 레오를 심각할 정도로 불안하게 하는 것이 있을 거라고. 아니면 고등학교 1학년 학업을 따라가기가 힘들거나 다른 학생들과 복잡한 문제가 있는 건 아닌지. 어떤 때는 다른 학생에게 돈을 빼앗기는 문제이거나 마약 문제, 아니면 실연을 당한 슬픔일지도 모른다고 생각했었다. 레오는 과묵한 성격으로 단 한 번도 수다스러웠던 적이 없었다. 게다가 부모가 이혼을 하게 되고 아버지를 더 이상 만나지 않은 뒤로 더욱 말이 없어졌다. 산드라는 아들에게 말을 시켜 보려고 애썼다. 걱정이 있으면 다 털어놓으라고 애원도 해 봤지만 레오는 무섭도록 거칠게 산드라를 내몰았다. 아들의 이런 반응은 산드라를 두렵도록 불안하게 만들었고 산드라 자신도 미쳐 가는 아들의 반응을 닮아 가는 것 같았으며 적어도 생각으로는 이미 미쳐 가는 것 같았다. 이런 이유로 산드라는 직장 동료가 소개해 준 심리학자에게 상담을 하게 되었다. 그분은 특히 청소년 문제 전문가였다.

"히키코모리, 바로 히키코모리 증후군입니다."

그 심리학자는 산드라에게 분명하게 말했다.

"이것은 일본에서 꽤 유명한 사회심리적 병리학에 속한 용어입니다. 주로 부모 집에 갇혀 지내는 청소년들에게서 나타납니다. 그들은 신체적 욕구가 생길 때를 제외하고는 거의 자기 방에서 나오지 않죠."

"바로 그거네요. 그런데 선생님, 우리 아들은 일본 사람이 아닌데요."

"부인, 이런 증후군이 일본에서 열 명 중 한 명에게서 나타난다고 하면 우리에게서도 또한 나타나기 시작했다고 볼 수 있습니다."

산드라는 여전히 이해가 되지 않았다. 일본이 이 병이랑 무슨 관계가 있다는 건지? 어찌 되었든 그곳에서 온 전염병은 아닌 것 같았다.

"보십시오, 부인. 동일한 원인은 동일한 결과를 가지고 옵니다. 동일한 인간관계적인 문제가 프랑스 청소년들에게 영향을 주지 않을 이유는 없습니다. 물론 그 배경은 다르지만 더 근원적인 문제들을 살펴보면 이와 같은 병리학적 폐쇄증이 생기는 원인들은 곳곳에서 찾을 수 있습니다. 자존감의 부족, 아버지 부재 속에 어머니와 과도하게 결합된 관계, 기대하는 만큼 학업 성취를 이룰 수 없다는 두려움, 외부 세계에서 받는 압력과 관계적 구속에 직면한 극도의 불안 등이지요."

심리학자는 가슴을 찢는 말들을 했다. 산드라가 상당한 죄의식을 느낄 만한 말들만 골라서 하는 것 같았다. 산드라는 가지고 있는 용기를 모두 짜내어 가장 그녀를 괴롭게 할 질문을 했다.

"얼마 동안이나 지속될까요?"

"아마도 몇 달, 혹은 몇 년입니다."

산드라는 갑자기 울음을 터뜨렸다.

그렇군요. 그 남자 앞에서 울고 있는 어머니 모습이 상상이 되네요. 돌봄이 필요한 것은 바로 어머니, 당신이라고요, 내가 아니라! 어머니 머릿속에는 제대로 돌아가지 않는 일들이 한 가득이에요. 당신은 일에 중독되어서 오로지 일 생각만 하잖아요. 주말이나 휴가 때도 집에 서류들을 가지고 올 정도니까요. 나이 39세에 당신처럼 남자 친구도 없고 가끔 화통하게 웃는 일도 전혀 없는 것이 정상인가요?

아빠가 집을 떠난 지도 7년이 되었네요. 엄마가 모든 애정을 나에게 쏟아붓는 것도 정상적인 것은 아니에요. 나는 숨이 막힐 지경이라고요! 내가 매일 반복하는 말이지만 저는 더이상 돌봐 줄 필요가 없어요. 미친 사람들이 가득한 곳은 바로 바깥 세계라고요. 눈을 크게 뜨고 한 번만 돌아봐도 충분히 알 수 있을걸요. 지구 곳곳에서 자살을 하거나 서로 죽이기 위해 총을 겨누는 사람들이 얼마나 많은지. 어떤 곳에서는 어머니가 자기 아이들을 냉장고에 넣어 버리고 또 다른 곳에서는 아버지가 자기 딸을 지하 창고에 가두어 놓고 수년 동안 강간하는 일도 있어요. 독을 흡입하기도 하고 맹독을 마시거나 먹기도 하죠. 오랑우탄, 백곰, 고래 들은 지구를 휩쓸고 다니는 사냥꾼 무리 때문에 점차 사라져 가고 있어요……. 그런데 내 안식처에서 나오고 싶어 하지 않는 내가 미친 거라고요? 내가 밖에 나와서 무슨 일을 해야 하는데요? 내 방에서 나는 전혀 답답하지 않아요. 텔레비전을 보고 인터넷 검색을 하고 특히 다른 애들과 함께 온라인 게임을 하면서 시간을 보내요. 나는 MMORPG(대규모 다중 사용자 온라인 롤플레잉 게임)에서 멋진 챔피언이라고요.

이쪽 세상에서 위대한 샴사르는 수백 명 아님 수천 명에 달하는 게임 사용자들이 알아주는 아이디예요. 바로 제 아바타, 제 분신이죠. 또 성검 이름이기도 해요. 내가 가는 길을 막으려고 하는 외계인들을 싹둑 잘라 버리지요. 가차 없이 해치워 버려요.

충분히 게임을 했다고 생각하면 자면서 꿈을 꿔요. 다른 사람들이 이렇게 행동했으면 좋겠는 것, 또는 그들이 나에 대해 이야기하는 것들을 상상하죠.

"나 레오 집에 갔다 왔어. 레오 어머니도 만났고. 뭐 그렇게 순조롭진 않았어. 레오가 무지하게 신경질을 냈거든."

기리자가 두 친구에게 말했다.

친구들은 믿을 수 없다는 표정으로 기리자를 쳐다보았다.

"말도 안 돼. 네가 레오 집에 갔었다고?"

모르간이 소리쳤다.

"너 걔 잘 알지도 못하잖아!"

민지도 아연실색한 목소리로 덧붙였다.

"뭐, 너 혹시 그 안경잡이랑 사랑이라도 빠진 거야?"

"무슨 소리야. 근데 너희 둘은 어떻게 그럴 수 있니? 같은 반 한 아이가 학교에 더 이상 나오지를 않아. 어떤 아이들도 상관하지 않지. 이런 너희의 태도를 보니 이 나라에서 삼복더위에 사람 수천 명이 죽어 나가는 이유를 이해할 수 있겠다. 모두 다 다른 사람들에게 일어난 일을 비웃기만 해. 만약에 너도 네 집에서 홀로 죽어 갈 때 아무도 관심 가지지 않을 수도 있다고."

부르르 떨 정도로 화가 난 기리자는 친구들을 쇼핑센터 한가운데에 세워 두고는 등을 돌려 가 버렸다. 모르간과 민지는 기리자를 따라잡아 기분을 풀어 주려고 애썼다. 자신들이 부끄럽게 느껴졌다.

"그래, 네 말이 맞아. 우리가 바보처럼 행동했어."

민지가 사과했다.

"레오는 무슨 일이래?"

"그래, 말 좀 해 줘."

모르간이 졸라 댔다.

"우리가 개를 안 본 지 한 달이나 됐잖아. 그래서 크리스티앙 선생님께 소식을 여쭤 봤어. 선생님께서도 정확하게 무슨 일이 있는지는 모른다고 하셨어. 그런데 메르맹 선생님께서 레오가 건강상 심각한 문제가 있는 것 같다고 하셨다는 거야. 그래서 레오 집에 가서 수업 내용을 좀 알려 준다든지 뭐 도울 일이 없는지 물어봐야겠다고 생각했어. 뭐, 조금이라도 도움이 되고 싶었던 거지. 그래서 우리 멋진 반 대표 '척척 박사' 라시드에게 주소를 물어보았어. 물론 알고 있더라고. 레오는 학교에서 멀지 않은 곳에 살고 있었어. 레오 어머니가 문을 열어 주셨어. 내가 레오와 같은 반 친구이고 무슨 일인지 걱정이 되어서 왔다고 이야기하자 어머니는 곧 눈물을 쏟아 내실 것 같더라고. 어머니도 이 상황에 완전히 손을 놓으신 것 같더라. 레오는 히키코모리 증후군이래. 야, 그렇게 웃지 마. 진짜 심각한 거야."

"나도 텔레비전 프로그램에서 본 적이 있어. 청소년들이 수년 동안 자기 방에서 한 번도 나오지 않는데 부모들도 어떻게 못 하더라고. 심지어 진찰하러 온 의사들이 방에서 나와 정상적인 생활을 하도록 설득하는데도 안 되더라니까."

"그래, 바로 그 병이야. 하지만 더 심각한 건 일부 아이들은 부모에게 폭력적으로 변하기도 한대. 일본에서는 실제로 폭행을 하기도 하고. 레오 어머니는 그것을 가장 무서워하시더라. 어머니가 그러시는데 레오가 화장실에 간 사이에 레오 컴퓨터를 잠깐 보셨나 봐. 샴사르라고 불리는 것 같다고 하시네. 어머니는 레오가 완전히 미쳐서 자신을 다른 사람으로 생각한다고 믿으시는 것 같아. 그래서 내가 인터넷에서는 다들 가명을 쓴다고 말씀드리기는 했는데 레오는 신화에 나오는 성검 이름으로 자기 이름을 지은 거야."

"그럼 우리가 도대체 무슨 일을 할 수 있는데?"

모르간이 물었다.

기리자는 한참을 고민하더니 대답했다.

"나한테 좋은 생각이 하나 있어."

샴사르는 아무에게도 말할 필요가 없다. 하지만 나는 누군가에게 진심을 말하고 싶다. 그러니까 일대일로 대화하고 싶다. 사람들은 모두 나를 피하려고 한다. 나를 비정상으로 보는 사람들과 얼굴을 마주 대고 앉아 시선을 느끼는 것도 싫다. 어쨌든 소통을 위해서는 메신저, 채팅방, 토론방, 카페, 조직망, 또 수많은 3D 가상 세계도 있다. 하지만 내가 가장 좋아하는 곳은 '히든 라이프(숨겨진 생활)'란 곳이다. 거기에는 다른 가상공간보다 더 마음에 드는 '무인도'가 있다. 난 사람들이 만나고 싶어지면 그곳으로 간다. 어젯밤 9시쯤 내 마음을 흔드는, 정말 특별한 일이 일어났다. 거기서 누군가가 말을 걸었다.

"안녕, 샴사르?"

"안녕, 산의 딸. 특이한 아바타 아이디인데."

"그래?"

"여기 처음이지?"

"응, 한참 동안 여기를 찾아다녔어."

"아, 그래? 등에 걸친 건 무슨 옷이니? 멋진데."

"사리야."

"아! 인도 의상. 알아."

"클릭하면 옷 색깔을 계속 바꿀 수 있어. 어때? 너무 카멜레온 같나?"

"아니, 다양한 색깔로 반짝거리는 게 정말 훌륭해. 짱이다. 나는 이렇게 예쁜 아바타는 처음 보는데 네 아이디는 무슨 의미니? 아바타 모습이랑은 별 상관없어 보이는데."

"산의 딸. 이건 인도 여신 이름을 번역한 거야. 난 맘에 들어. 난 네 아이디가 무슨 뜻인지 아는데. 샴사르, 너무 날카롭지 않아?"

"어떻게 알았어? 우리 만난 적 있니?"

"히든 라이프에서 그걸 누가 알 수 있니?"

"그건 그래. 얼굴만 바꾸면 다른 사람이 되니 누구랑 만났는지는 절대 알 수 없지."

"하지만 난 알아, 샴사르."

"뭔가 날 궁금하게 만드는데…… 산의 딸."

"우리 내일 여기서 다시 만나자. 레오, 샴사르? 오늘이랑 같은 시간이야."

"뭐! 너 어떻게……."

"알았지, 내일 봐!"

이렇게 사라져 버렸다. 아니, 그럴 리가. 평소처럼 내가 꿈을 꾸고 있는 것은 아닌데. 왜냐고? 나는 '산의 딸'이라는 이름이 무지 궁금해서 검색을 해 봤다. 사리의 나라 인도 말로는 바로 기리자라고 한다는 것이다! 기리자, 우리 반 여학생, 나한테 한 번도 관심을 보인 적이 없었던 인도의 아름다운 여신…….

조금 후면 밤 9시가 된다. 나는 히든 라이프에 갈 것이고 기리자를 기다릴 것이다. 정말 꿈이 현실이 될 수도 있는 걸까?

레오의 숨은 배경지식 찾기

정보화 관련 병리학

컴퓨터는 우리를 현실 세계와 단절시킬 수 있어. 그렇다면 무엇이 현실일까? 모니터는 자연보다 더욱 '사실적인' 가상 이미지들을 제공하고 있어. 그렇지 않았다면 컴퓨터는 우리 삶에서 이처럼 중요한 자리를 차지하지 못했겠지. 어떤 사람들은 컴퓨터 화면을 통한 소통이 실제적인 소통보다 훨씬 더 편하다고 말해. 상대방이 어떤 눈빛이나 반응을 보일지 걱정하지 않으면서 자유롭게 이야기를 나눌 수 있기 때문이야. 또 신체적인 위험을 감수하지 않고서 죄악시되는 말, 극단적인 말, 심하고 폭력적이거나 음란한 말들을 할 수도 있지.

그러나 모든 실제 만남을 거부하는 것은 아주 빠르게 병이 될 수 있어. 우리는 생물학적 존재니까. 어느 순간이든지 구체적인 것들과 관계를 이어 가야 해. 먹고 마시고 씻고 자고…… 우리 눈앞에서 현실을 보아야 해. 가상 세계가 실제 삶 속에서 일부가 되고 있다 할지라도 우리 삶은 한쪽에만 제한될 수 없어. 실제 삶을 잊어버리는 것은 심각한 신경증으로 가는 길이고 또 우리가 모니터를 통해 보내고 받는 이미지와 현실 사이에는 깊은 구멍이 있다는 것을 깨닫게 되면 자살로 치달을 수 있거든.

가상/현실

'가상'은 다음과 같은 의미를 가져. '잠재적인 것에서만 존재하고 실제로는 존재하지 않는 것.' 그러나 정보화 시대에 들어서면서 의미가 변했어. 가상 메시지는 항상 잠재적-우리는 글이 적혀 있는 종잇장을 눈앞에 가지고 있지 않다.-이기만 하진 않아. 전달된 메시지가 모니터를 통해 보이는 것은 분명 현실이잖아. 구체적인 것은 메시지이지 더 이상 종이, 잉크 같은 도구들이 아니니까.

이제 '가상'은 정보화와 관련된 모든 것을 의미해. 화면은 손으로 만질 수도 있고 구체적으로 보이는 현실이야. 그리고 가상 게임이나 화면으로 전달된 메시지들은 화면이 꺼져 갑자기 눈앞에서 사라진다 할지라도 여전히 존재하지. 따라서 가상은 현실 속 일부분이 되었어.

이와 같은 의사소통 혁명은 '가상' 도구들을 통해 자라난 미래 세대들이 손으로 만질 수 있는 세계를 이해하는 방식에 우리가 상상도 못 할 결과를 가져오게 될 거야. 우리는 이러한 방법에 대해(우리가 종종 듣게 되는 논쟁거리인) 종이, 나아가 나무를 낭비하는 일을 줄일 수 있기 때문에 좋아할 수 있겠지. 하지만 인간은 생물학적 존재라서 결국에는 인공적이거나 가상적인 존재일 수 없다는 것이 염려되는 부분이야. 그래서 가상 세계로 도피하는 것은 생물학적 존재인 우리에게 준비되지 않은 새로운 사회적 관계를 강요할 위험이 있을 수 있다는 거야.

매트릭스와 가상 세계

여러 나라에서 엄청난 성공을 거둔 영화 '매트릭스'에서는 현실 세계와 가상 세계의 관계가 극단적으로 묘사되어 있어. 인류는 거대한 기계인 '매트릭스'에 의해 통제되는데, 이 기계는 자신이 필요한 모든 에너지를 생물체로부터 끌어내기 때문에 지구는 점차 황폐한 벌판이 되어 가. 그리고 '매트릭스'는 노예로 전락한 인간에게 완전한 가상 속 삶을 제안하지.

이는 우리가 살고 있는 삶은 실제인가 아니면 단지 환상에 불과한가와 같은 아주 오래된 철학적 문제이기도 해.

우리 시대에서 가장 새로운 변화는 바로 정보화를 통해 인류 사회가 첨단화된 가상 세계로 더욱 나아가고 있다고 믿게 된다는 것이야. '세컨드 라이프(인터넷 속에 존재하는 가상 세계로 2003년에 시작. 사용자는 자신이 만든 아바타로 가상공간에서 새로운 인생을 살 수 있다.)' 같은 게임이 이를 증명하고 있어. 사용자들 중 일부는 현실 세계에서 실제 돈을 가지고 '세컨드 라이프'에 있는 가상 인물을 개발자들에게 구매하는 정도에까지 이르렀어.

'매트릭스'에 등장하는 주인공들인 타고난 천재 '해커'들은 정말 흥미로워. 그들은 가상적인 삶 속에 있는 노예제도에 대항하는 일종의 혁명군이라 할 수 있지. 어떤 이들은 영화 속에서 우리가 현재 살고 있는 세상을 폭로한 것이라 보기도 하며 또 다른 사람들은 이 영화를 매트릭스의 첫 번째 생산물, 매트릭스 스스로 영화-즉, 가상-를 통해서 자신을 드러내어 일상생활 중 기술에 복종하게 되는 현실을 받아들이게 하는 것이라고도 해.

영화 '매트릭스'의 줄거리는 다음과 같다. 인공두뇌를 가진 컴퓨터AI:Artificial Intelligence)가 지배하는 세계에서 인간을 가축처럼 인공 자궁에서 재배해 에너지원으로 활용하는 끔찍한 시대. AI에 의해 뇌세포에 '매트릭스'라는 프로그램을 입력당한 인간은, 매트릭스 프로그램에 따라 평생 가상현실을 살아간다. 인간이 보고 느끼는 것들은 항상 그들의 검색엔진에 노출되어 있고, 인간의 기억 또한 그들에 의해 입력되고 삭제된다. 한편, AI의 인공 자궁에서 탈출해 인류의 구원자를 찾아 나선 사람들이 있는데, 바로 모피어스를 리더로 한 해커들이다. 그들은 광케이블을 통해 매트릭스에 침투하고 매트릭스 프로그램을 응용해 자신들의 뇌세포에 각종 데이터를 입력한다. 그들은 AI 통제 요원들의 삼엄한 검색 망을 뚫고 매트릭스 안에 들어가 드디어 오랫동안 찾아 헤매던 '그'를 발견한다. 그는 평범한 회사원 토머스 앤더슨이지만, 밤마다 네오라는 이름으로 컴퓨터 해킹에 나선다. 앤더슨은 모피어스와 매혹적인 여인 트린에게서 매트릭스에 대한 단서를 얻는다. 매트릭스의 실체를 추적해 나가는 네오는 마침내 매트릭스 밖의 또 다른 숨겨진 세계를 만나 가상현실의 꿈에서 깨어난다. 그리고 AI에게 양육되고 있는 인간의 비참한 현실을 확인하고 매트릭스를 탈출한다. 그리고 컴퓨터 프로그램 훈련을 통해 사이버 전사로 거듭난다. 그러나 모피어스의 동료 중 사이퍼는 끊임없는 기계들의 위협과 공격으로 인한 두려움을 견디지 못하고, 매트릭스 안의 가상현실로 들어가기 위해 동료들을 배신한다. 사이퍼에 의해 함정에 빠진 네오 일행은 엄청난 괴력을 지닌 해커 제거반과 사투를 벌인다. 출처_네이버naver 영화

인간-기계를 향하여?

2009년 프랑스 그르노블에서는 나노 기술을 이용하여 칩을 신체에 이식하는 시험이 실시될 것이라는 내용을 담은 '정보화' 관련 문서가 행동주의자들에 의해 배포된 적이 있었어. 이것이 실현되면 이 칩은 신분증, 의료보험증, 신용카드 등으로 사용되도록 피부 아래에 직접 이식된다는 거야. 이러한 내용이 시민사회로 퍼지자 이 문서에 적혀 있던 의회 전화번호로 많은 항의 전화가 빗발쳤어. 물론 전단지는 거짓 내용이었지만 그래도 사람들은 어느 정도는 신빙성이 있다고 보았어. 그래서 일부에서는 오래지 않아 이런 비슷한 삽입물이 생겨날 것이라고 주장했지.

이 새로운 기술은 이미 사용의 용이성, 개인에 대한 향상된 '추적 가능성' 등을 이유로 논쟁이 되고 있어. 예를 들면 의학적인 조사나 범죄자 검거를 손쉽게 해 줄 수 있는데 이는 1970년대에서 1980년대로 넘어가던 시기에 자유라는 명목하에 등장한 공식, '자유＝안전'에 근거하는 주장이야.

그런데 이와 같은 등식만 존재하는 것은 아니야. 이 기술은 개인이 누릴 자유와 사회 전체에 엄청난 제약이 될 수도 있으니까. 범죄를 예방하는 데 도움이 된다는 주장은 단지 속임수에 불과할 수도 있다는 말이야. 이 기술은 몇몇(경우에 따른) 범죄자들을 퇴치하기 위해 사회 구성원 모두를 단번에 잠재적 범죄자(그러니까 가상이다!)로 만들어 버리기 때문이지.

가상의 범죄자들!

공상과학소설들을 보면 우리가 새로운 기술을 개발하더라도 범죄자들은 항상 대응책을 마련해 낸다는 것을 알 수 있어. 예를 들어 윌리엄 깁슨이 쓴 유명한 소설《뉴로맨서》-주인공은 극복할 수 없는 기술적 딜레마를 미리 알게 되어 영리한 대응책을 발견해 나간다.-에서는 '사이버 펑크'[3] 운동의 기초를 마련했어.

이 소설에서는 상상 속 미래까지 찾아가지 않아도 현 수준에서 정보화 기술은 개인을 완전히 통제함으로써 범죄를 예방한다는 것은 헛된 일이라고 말해 주고 있어.

사실 새로운 기술이 출현하면서 이에 대응하는 새로운 형태로 범죄가 발생했으며 경찰 측이 조사한 수치에 의하면 최근 몇 년간 이와 같은 범죄들이 상당히 많이 증가하고 있는 추세라고 해. 예를 들면 정보화 해킹, 특히 일부 직원들에 의한 기업 인트라넷 내 (모든 사람이 정보화 통제를 받음에도 발생하는) 바이러스 침투, 은행 카드를 이용한 사기 등이야.

3 사이버Cyber와 펑크Punk를 합성한 단어로 정보 기술 독점에 저항하는 운동이나 문제를 다룬 문학 또는 영화 장르

12장

나는 내가 원하는 것만
먹고 있을까?

가정 식탁에서 학교 식당에 이르기까지 우리가 식사를
하는 곳은 종종 사회화와 대화가 이루어지는 공간이 된다.
그래서 이곳에서는 음식에 관한
상호 간에 차이나 특징이 표현되기도 한다.
특별한 식이요법, 종교적으로 금지된 음식, 알레르기유발 음식,
환경보호나 윤리적인 이유로 선택한 음식 등이 있다.
그럼 우리는 내 접시를 채우기 위해 자유롭게 선택을 할 수 있을까?

맛있게 먹겠습니다!

연극 지도 교사 아리안느 오늘 연극 수업을 위해 즉석에서 만든 주제입니다. 학교 식당을 배경으로 생각해 봅시다. 여러분은 많은 생각을 할 수 있을 것 같네요. 민지, 클라라, 이디르, 얀이 한번 해 보지요. 클라라는 식탁에 앉고 민지도 옆에 앉아요. 둘은 수다를 떠는 중입니다. 그리고 남학생 둘이 함께 앉아도 되겠는지 물어보는 것입니다. 질문 없지요? 자, 그럼 시작합시다!

민지 안녕? 너 혼자니?

클라라 응, 앉아도 돼. 개학한 이후 한 번도 너랑 같이 식사해 본 적이 없는 것 같네.

민지 맞아. 난 학교 식당에 자주 오지 않거든. 근데 너는 식판에 음식이 거의 없네. 다이어트 중이니?

클라라 그렇다고 하지 뭐…….

민지 그래, 근데 그런 것 같지는 않은데.

클라라 맞아, 그건 아니야. 사실 오늘은 내가 먹을 게 별로 없어서. 나는 채식주의자거든.

민지 햄이나 참치 샐러드 그리고 돼지갈비, 아님 치킨 조각……. 그러네, 채식주의자인 너는 샐러드랑 요구르트밖에 먹을 게 없구나. 그런데 왜 고기를 안 먹어?

클라라 설명하려면 좀 힘든데…….

민지 어머, 미안, 아마도 너는 똑같은 질문을 수만 번은 들었겠구나. 두툼한 스테이크가 생각나지는 않는지, 단백질이나 비타민이 부족하지는 않는지, 정말로 송아지 고기, 암소 고기, 양고기를 좋아하지 않는지 등등 똑같은 잔소리들을 늘상 들었겠네. 그래 나 같은 이름을 가진 아이에게 어디 출신인지, 입양이 되었으니 얼마나 힘들었는지, 가족을 다시 찾으러 네 나라로 가고 싶지 않은지…… 어쩌고저쩌고 하는 거랑 비슷할 거야.

연극 지도 교사 아리안느 둘 다 잘했어. 자, 이제 남학생 중 한 명이 무대로 들어간다. 누가 먼저 할래? 너희 하고 싶은 대로 맘껏 해 봐! 어서 결정해!

얀 그럼 제가 할게요. 안녕, 같이 앉아도 돼? 무슨 걱정이라도 있는 거니?

민지 이야! 너랑 정반대네, 클라라! 너 애 식판 봤니?

얀 뭐가, 내 식판에 뭐가 있는데?

민지 넌 모두 2인분씩 가져왔구나. 진짜 식당에 아는 사람이
라도 있나 봐! 너 배식하는 사람 중에 친구 있지?

클라라 너 다이어트 할 거라고 하지 않았니?

얀 에이, 아리안느 선생님, 주제를 좀 바꾸라고 말씀해 주셔
야 하는 거 아니에요? 저랑 할 때마다 만날 이런 식이잖아
요. 애들이 모두 제 체중에만 집중한다고요! 아, 이제 진짜
열받으려고 해요.

연극 지도 교사 아리안느 얀, 내가 하고 싶은 말은 설사 네가 기분
이 나빴든 안 나빴든 너는 지금 즉석 연기를 하고 있고 그
러니 너는 그 인물이 되어 생각해야 하는 거야. 알았지! 또
네 생각을 말할 수 있는 기회이기도 해. 다시 해 봐!

얀 네, 알겠어요. 그래, 나 뚱뚱해. 그래서? 이건 내 문제야.
네가 풀이나 뜯어 먹으면서 만족하는 이유가 무엇인지 내
가 알아야 하는 건 아니잖아?

클라라 그건 맞아. 네 건강을 네 맘대로 망칠 권리도 있겠구나.
그래 그건 네 문제야. 하지만 너처럼 고기만 그렇게 급하게
먹는다면 이 지구는 금방 공중분해되어 버릴 거야! 아, 미
안…… 하지만 나와도 관계있는 일이라서!

얀 내가 지구를 어떻게 했다고 그러는 거야? 무슨 이상한 말
을 하는 거지?

클라라 내가 이상한 말을 한다고? 너는 고기를 생산하는 축산

업이 육상 교통보다 더 많이 지구온난화에 영향을 주는 것
도 모르니? 그리고 수자원에도 가장 나쁜 영향을 주는 생산
활동 중 하나라고.

얀 도대체 어디서 그러는데?

클라라 유엔 식량 농업 기구. 고기를 1킬로그램 얻으려면 곡물
이 2킬로그램이 필요해. 너 지구 곳곳에서 벌어지는 기아
상황을 들어 본 적 있지? 모든 인간이 너처럼 식사를 한다
면 필요한 가축을 키울 땅도 부족하게 된다고.

얀 너, 지금 고기 안 먹는다고 그런 말을 하는 거야?

클라라 절대! 단지 나는 내 위장을 동물들 공동묘지로 만들고
싶지 않아서 안 먹는 것뿐이야.

얀 우웩! 너 때문에 내 식욕이 뚝 떨어져 버렸다. 넌 비만인
사람들 코치하면 딱이겠네. 그 사람들은 네가 1절만 읊어
대도 한 달 동안 아무것도 못 먹을 거야.

민지 하지만 클라라 말이 맞아. 너도 네 접시에 올라오는 것
에 관심을 좀 가져야 해. 난 관심이 아주 많은 편이야. 살충
제, 항생제, 유전자 변형 식품 같은 불결한 것들 때문이지.
그래서 나는 학교 식당에서는 거의 식사를 하지 않아. 우리
부모님도 집에 와서 점심 먹는 것을 더 좋아하시고. 우리
식탁에는 유기농 제품만 올라오거든.

클라라 그런데 오늘은 왜 여기서 먹어?

민지 아버지랑 어머니가 요즘 집에 안 계시거든.

얀 여행 가셨어?

민지 아니, '인양Yin-Yang 박사가 추천하는 음식을 통한 자신의 몸 돌보기'라는 주제로 진행되는 세미나에 가셨어.

얀 어디 편찮으시니?

민지 아니, 절대! 건강은 뚱뚱한 네가 문제지!

얀 선생님, 이것 보세요. 또 뚱뚱하다고 놀려요!

연극 지도 교사 아리안느 그래, 우리 진지하게 합시다. 분위기가 축 처져 있어서 지루하네요! 이디르, 넌 뭘 기다리는 거니? 즉석으로 새로운 것을 좀 보여 줘야지. 이제는 들어갈 때가 됐잖니!

이디르 안녕, 친구들. 나도 앉아도 되겠지?

민지 에이, 네 식판 좀 봐! 샐러드랑 과일뿐이네. 너도 채식주의자가 된 거야?

이디르 아, 아니야. 내가 채식주의자라고? 나 놀리냐?

클라라 채식주의자한테 무슨 불만이라도 있니? 매년 프랑스에서만 동물 12억 마리가 죽어 가고 있어. 수십억 마리씩 잡아들이는 물고기는 제외해도 말이야. 동물들에 대한 이런 대량 학살이 정말 잔인하다고 생각하지 않니?

이디르 뭐, 돼지는 별 상관없어.

얀 채식주의자가 아니라면 다이어트 중인 거야?

이디르 넌 또 무슨 소리야? 내가 너처럼 배가 나온 것 같아 보여? 내 뱃살이 보고 싶은 거냐? 난 진짜 초콜릿 복근이야! 이 빌어먹을 식당에 먹을 게 하나도 없어서 그런 것뿐이야. 너 못 봤어? 돼지고기! 도대체 정결하지 않아서! 나는 만지지도 않거든. 어쨌든 학교 식당에 이런 정결하지 않은 고기는 나오지 않도록 청원서라도 내야겠어.

클라라 그런데 너 산책로 카페에서 맥주는 한 잔씩 잘도 마시더라. 설마 우리가 너를 한 번도 본 적이 없다고 믿는 건 아니지?

이디르 뭐! 뭐라고? 그거랑 무슨 상관인데?

민지 네가 믿는 종교에서 금지하는 음식이 있다면 음료 중에도 금지하는 것들이 있잖아. 그렇지 않니?

이디르 아리안느 선생님, 애들 셋이서 저를 어떻게 공격하는지 보셨죠? 어떻게 생각하세요? 이슬람교 반대주의자들처럼 말하는 거 아닌가요?

연극 지도 교사 아리안느 이 문제를 시작한 건 바로 정결하지 않은 음식에 대한 청원서 이야기를 한 너인 것 같구나. 인정하렴. 싫으면 네가 다른 주제로 넘어가도록 해 보든지.

이디르 네, 좋아요. 아니 그럼, 너희는 내가 청원서 이야기한 걸 진담이라고 생각한 거야? 하여튼 너희에게 별로 이야기하고 싶지 않았지만 실은 난 알레르기가 있어.

민지 알레르기? 그건 꽤 심각한 문제인데, 무슨 알레르기야?
　　 땅콩, 글루텐, 우유 단백질, 콩, 갑각류, 통 겨자 아님 식품
　　 착색료?

얀 야, 알레르기 인자 목록 나열하지 말고 애한테 대답할 시
　　 간 좀 주지!

이디르 무슨 알레르기냐면…… 음, 무슨 알레르기더라…….

클라라 흠, 오늘 안에는 결정 나니, 아님 내일 정할래?

이디르 그래, 난 바보 멍청이 알레르기가 있다!

민지 난 이거 농담거리라고 생각 안 해. 너희는 알레르기가 있
　　 는 사람들이 얼마나 끔찍한 생활을 하는지 상상도 못 할걸.
　　 네가 먹는 이 식판 위에 너를 아프게 하는 식품은 없다고
　　 어떻게 확신할 수 있니? 이건 매번 네 머리에 권총을 겨누
　　 거나 룰렛 도박을 하는 거랑 같을 수도 있어.

클라라 그래, 나도 부모님과 함께 보았던 다큐멘터리 프로그램
　　 이 생각난다. 한 환경주의자가 이렇게 말했던 것 같아. "오
　　 늘날에는 식탁에 앉으면서 '맛있게 먹자'고 할 것이 아니라
　　 '행운이 있기를'이라고 해야 한다."

민지 식품 산업에서 사용하는 것들이 얼마나 꿀꿀이죽 같은
　　 것인지 상상도 못 한다니까.

이디르 뭐야, 너 또 '꿀꿀이죽' 이야기야! 이번에 이 문제를 건
　　 드린 건 내가 아니고 너야!

얀 뭐야, 얘기하느라고 한 입도 못 먹었잖아. 다 식어 버렸네. 난 배 속이 비면 절대로 저녁 때까지 버틸 수 없단 말이야. 이제 절대로 채식주의자나 햄에 알레르기 있는 애나 건강 편집증 환자랑은 같이 안 먹을 거야!

민지 너 여기 앉으라고 한 사람은 아무도 없어! 좋아, 식판 들고 저기 가서 먹으면 되겠네. 돼지처럼 게걸스럽게 먹는 네 모습 보는 게 우린 뭐 그리 기분 좋은 줄 알아!

이디르 진짜 못 참겠네. 또 돼지 농담이야! 너희 아까부터 일부러 그러는 거지? 나도 다른 곳에서 혼자 먹을래.

클라라 어쨌든 내 식판에 있는 것은 다 끝냈어. 안녕, 나는 이 고약한 식당을 나가야겠다. 이 고기 악취들 때문에 힘이 다 빠지려고 하네.

민지 그럼 나는…… 나 혼자만 남아? 아, 그래? 고마워! 프랑스 식탁 예절은 함께 즐겁게 식사하는 것이라고 나한테 천 번은 넘게 이야기들 하더니만. 흥, 다 거짓말이구만!

연극 지도 교사 아리안느 즉석 연기는 여기까지요. 이제 그만! 좋아요. 네 명 모두 아주 나쁘게 끝내지는 않았어요. 게다가 쉬운 주제들이 아니었지요. 다음 시간에는 또 다른 학생들이 새로운 주제로 도전해 보겠어요. 주제는 학급 회의예요. 함께하는 모든 사람이 의견 일치를 보기가 좀처럼 어려운 또 다른 주제이겠지요!

종교와 상관없이 먹을까, 먹지 말아야 할까?

공립학교, 말하자면 종교와 무관하다고 정의하는 학교에서는 종교에서 정한 것이나 금지하는 것과 관련한 문제들이, 특히 학교 식당 내에서 표면화되고 있어. 학교 식당에서 특별 메뉴, 예를 들면 이슬람교에서 정결하다고 정의하는 메뉴로 식사를 할 수 있도록 국회의원들과 공공기관에 압력을 행사하는 경우가 바로 그 예라고 할 수 있지.

일부 시, 도에서는 이 문제를 다양한 방법으로 해결하려 하고 있는데 일부에서는 이슬람교에 맞는 메뉴를 도입하기도 하고 또 다른 곳에서는 학교 식당 내 종교 분리적 성격을 유지하기 위해 특별식이나 대체식에 대한 요구를 받아들이지 않기로 결정했어. 단, 특정 고기를 먹지 않으려는 학생들은 그날 식단에 있는 다른 메뉴로 대체할 수 있게 했어. 한편, 프랑스의 리옹 시에서는 종교 대표자들과 비종교 단체 대표자들과 모임을 가진 후 '고기가 없는 풀코스' 식단을 마련했는데, 이것은 모든 사람이 동의할 수 있을 것 같아 보여.

채식주의

채식주의에는 몇 가지 종류가 있어. 채식주의자들은 보통 육류는 안 먹지만 달걀과 유제품은 허락하는 사람이야. 식물주의자들은 오로지 채식만 하는데 달걀과 유제품을 먹는 것도 동물 착취라 생각하면서 생산자들이 '생산'을 위해 동물들에게 몰수해 오는 것으로 여기기 때문이야. 생 채식주의자들은 채소를 날 것으로만 먹는 사람들이며 과식주의자들은 과일과 곡류만 먹어. 엄격한 채식주의자들은 동물로부터 생산되는 모든 것, 달걀과 우유는 물론 양모, 가죽도 거부해. 그래서 그들은 면과 마로 만든 옷만 입고 가죽 신발도 신지 않아. 이런 다양한 채식주의는 단지 먹는 것을 절제하는 단순한 문제가 아니라 우리와 같은 감각을 가진 존재를 착취하고 죽이는 것에 대한 윤리적·정치적 거부를 의미하는 것이기도 해.

채식주의가 보여 주는 또 다른 면도 중요해. 전통적인 목축과 더욱 산업화된 축산업은 엄청난 낭비와 오염을 불러일으키는 원천이 되고 있어. 소고기 1킬로그램을 생산하기 위해서는 물이 1만 2천~1만 8천 리터가량 필요해.(키우는 장소가 목초지인지 '고기 공장'인지에 따라 다르다.) 사실 축산업 목장에서는 식물과 콩, 옥수수를 소에게 먹이는데

이를 경작하기 위해서도 상당한 물이 필요하지. 또한 칼로리 관점에서 손실도 엄청나. 750끼에 해당하는 소고기 100킬로그램을 생산하기 위해서는 9천 끼를 공급할 수 있는 곡물을 먹이로 주어야 하거든. 또 이미 전체 토양 중 30퍼센트를 차지하고 있는 축산업은 아마존 삼림 파괴에 상당한 영향을 주고 있어. 가축을 먹이기 위한 콩 재배를 위해 벌채를 하기 때문이야.

국가 식물 종류 및 품종 목록

우리는 집에서 자신이 원하는 식물 종자를 심어서 기를 수 있어. 하지만 이를 상업화하는 '품종 개발자(씨를 개발하여 얻은 뒤 재배하고 그 식물을 재생산하는 사람)'나 '품종 유지자(고유 식물 품종이나 특성을 지켜 가는 사람들)'는 그 품종을 국가 목록에 등록해야 해. 이 국가 목록은 국가 농업 연구원에 속한 특별 부서인 '식물 품종 및 종자 연구 조합'에서 관리하고 있어. 그런데 이 국가 목록에 등재하려면 절차가 복잡하고 또 비용도 들어.

그래서 일부 단체들은 비용을 들여서까지 이 목록에 등록해야 하는 것에 반대하고 있어. 또한 품종을 다양화하는 데 대한 침해라고도 주장해. 공식적으로 상업화할 수 있는 품종은 분명 가장 널리 재배되며 수익성도 가장 높은 것일 수 있으니까. 왜냐하면 국가 목록에 신고하려면 비용을 지불해야 하기 때문이야. 다시 말해 기후 조건, 재배 방법, '평균적인' 토양에 적합한 정도를 고려할 때 표준이 될 품종이라는 것이지. 따라서 특별한 조건에 적합한 지역 식물들에게는 피해를 줄 수 있어. 나아가 이는 맛을 규격화하는 데 일조할 수 있겠지. 토마토를 예로 들어 볼게. 토마토는 품종이 약 3백 개가 있었는데 그중 2개 품종만이 세계 시장 전체 가운데 4분의 3을 차지하고 있어. 그런데 일부 단체들이 주장하는 것처럼 지역 품종을 보호하는 것도 중요해. 미래에 날씨가 계속 불규칙하게 된다면 품종 간 새로운 교배가 필요할 때 이를 가능하게 할 수 있기 때문이야.

기아를 극복할 수 있는 유전자 변형 농산물GMO

유전자 변형 농산물 종자를 생산하는 기업들이 먼저 제시한 두 가지 주장이 있어. 우선 GMO는 제초제를 더 이상 사용하지 않게 한다는 것과 수확량이 늘어나게 되어 지구 기아 문제를 해결할 수 있다는 것이었어.

하지만 처음 주장은 완전히 틀렸어. 몬산토[1]가 유전학적으로 변형시킨 식물이 '토탈

---

1 미국 세인트루이스에 본사를 둔 다국적 생화학 제조 업체

라운드업'이라는 제초제(바로 몬사토 사의 제품)를 이겨 낼 수 있었던 것은, 농부들이 자신들이 죽어 가는 것과는 상관없이 재배하는 작물에 충분히 제초제를 뿌릴 수 있도록 하기 위한 것일 뿐이었어. (이 제초제에 저항력을 가진) '라운드업 레디'라는 GMO가 생산된 이후 전 세계적으로 이렇게나 많은 '토탈 라운드업'이 팔린 적은 없었지.

수확량과 관련해서도 그 변화를 알려면 처음 수확을 한 후에도 실제 몇 번 추수를 더 해 봐야 가능한 일이야. 유전자 변형을 하지 않은 품종과 비교해서 처음 한두 번은 수확량이 많을지라도 특히 기후 조건이 나쁘면 수확량은 줄어들 수도 있어. 반면 일기가 좋을지라도 예상한 것보다 더 빨리 다양한 해충들이 내성이 생겨 버리면 유전자 변형이 큰 이익을 가지고 오지 못할 수도 있지. 스스로 살충제를 분비하는 GMO에게 해충들이 빨리 적응하는 것도 우려가 되는 문제야. 분명한 것은 GMO가 지구 기아 문제를 해결할 기적 같은 방법은 아니라는 것이지.

13장
세상에서 나는 혼자?

내가 원하는 방식대로 원하는 것을 모두 하는 것
우리는 진정 이것을 주장할 수 있을까?
한 사람이 누리는 자유가 끝나는 곳에서
다른 사람이 누릴 자유는 시작한다는 말을 들어 본 적이 있다.
하지만 무엇으로 한 사람과 다른 사람을 명확하게
구분할 수 있으며, 그 구분선은 어디에 있는 것일까?
우리가 합법적으로 원하는 자유는 각 개인이 져야 할
책임이라는 의미에서 제한되는 것일까?

한 밤의 일주

'우리는 열일곱 살이 되어도 진지하지 않다.' 이 말을 한 건 바로 시인 랭보이다.

'그러니까 열일곱 살 혹은 그보다 어리다면 더욱더 진지하지 않을 것이다.' 이 말을 여러분에게 하는 건 바로 나다.

우리 부모님은 지난 주말에 집에 계시지 않았다. 결혼식 때문인데 월요일에 직장에 출근하는 사람들을 배려해 사람들은 항상 토요일에 결혼식을 한다. 정말 숭고한 충성심이다. 누가 결혼하느냐고? 먼 시골에 사는 먼 사촌이다. 난 태어나서 한 번도 본 적이 없다. 그래서 나는 집에 있는 편이 좋겠다는 생각이 들었다. 그러기 위해 내가 부모님께 제시한 결혼식에 갈 수 없는 충격적인 논거들은 바로 긴급한 공부와 복습이다. 다행히 부모님은 이해하셨다.

토요일. 날은 흐렸고 텔레비전, MP3 모두 지겹다. 시간은 지나가고 밤이 되었다. 좋은 생각이 떠올랐다. 집은 내 세상이다. 이틀 동안 나밖에 없다. 이 기회를 잘 활용해야 한다. 순식간에 문자를 돌렸다.

번개 파티, 선착순 열 명, 그 이상은 안 됨.

육상 클럽 친구들인 이네스, 막스, 릴리암 그리고 우리 반 친구들 중 얀, 클레망, 실뱅, 아마도 라시드 그런데 내 생각에 이 녀석은 벌써 다른 곳에서 놀고 있을 거다. 티나, 아니야, 얘는 날 안 좋아하니까 오지 않을 거다. 케니, 마리암 그래 그리고…… 모르간? 좋아, 모르간. 특별 대우로 모르간에게는 직접 전화를 했다. 좋단다. 오늘 저녁 다른 계획이 없단다. 그런데 새 친구 라파엘과 오기로 했다.

모르간 너 조금이라도 불편한 거 아니야, 기욤?
나 아니, 왜 내가 싫어할 거라고 생각하는데?

거짓말이다. 이 점에는 인정하지 않을 수 없다. 나에게는 아쉽지만 할 수 없다. 안타깝지만…….
카나페. 내가 할 수 있는 음식은 카나페가 한계이다. 다른 건 하나도 못한다. 토스트를 만들어 세모 모양으로 자르고 상자와 자기 그릇, 플라스틱 용기들을 모두 펼쳐 놓는다. 오이 피클, 올리브, 네모난 햄, 치즈……. 동네 슈퍼마켓에서 주말 용돈을 모두 다 썼다. 맥주, 보드카나 위스키가 들어간 혼합 주 팩, 과일 주스 한 병, 근데 한 병으로 될까? 식탁, 의자들, 음악 모두 정원으로 나갔다. 일기예보에서 한동안 가장 좋은 날씨가 계속되는 5월이라고 했다.

준비 끝! 나는 이보다 더 잘할 수는 없다. 이제 나머지는 내 책임이 아니다.

이네스, 막스, 릴리암은 언제나 늘 그렇듯이 함께 가장 먼 저 도착했다. 그러고 나서 얀이랑 클레망이 왔다. 실뱅은 오 지 않는단다. 케니와 마리암도 못 온다고 했다. 우리는 이야 기를 나누면서 말장난도 치고 담배도 피고 깔깔 웃기도 했다. 모르간은 아직 오지 않았다. 카나페는 세 번 휩쓸고 가니 깨 끗이 사라졌다.

골목에서 오토바이가 부르릉거리는 소리가 들린다. 대문 쪽 으로 나가 보았다. 커다란 오토바이 한 대가 우리 집 앞 골목 에 있고 목발을 짚은 한 녀석이 타고 있다. 그 뒤에서 모르간 이 헬멧을 벗고 있다. 그 녀석이 오토바이에서 내리면서 미소 를 짓는다. 곧 다른 애들이 몰려들었다. 모터 소리가 아이들 의 관심을 끌었던 것이다. 소개하면, 그 아이가 라파엘이다. 벌판을 한 바퀴 돌고 온 느낌. 모터는 계속 돌아갔다. 모터 소

리는 정말 듣기 싫은 소음이다. 일본식 가느다란 소리도 아니
고 미국식 부르릉거리는 소리도 아니다.

다른 아이들 그래, 응, 그래.

그 녀석이 말하는 모든 것에 그렇단다, 어린애같이. 멋진
새 장난감을 앞에 두고 환희로 들끓은 아이들이다. 오토바이
는 번쩍거리면서 소리도 나고 속도로 빠르다.
모르간이 내 쪽으로 왔다. 나는 정원 뒤쪽에 있었다.

모르간 안녕, 기욤?
나 그래, 잘 지냈니?
모르간 그럭저럭!
나 네가 올 수 있다고 해서 기뻤어!
모르간 부모님은?
나 결혼식. 여기서 먼 곳에서······ 주말 내내 안 계실 거야.
  너희 부모님은?
모르간 여기 안 계셔. 두 분 다 어디 가셨지. 각자 따로. 부
  모님은 지금 이혼 소송 중이어서 나는 가운데 껴 있어. 그
  래서 아무 편도 안 들고 중립을 지키느라 주말에는 나 혼
  자 지내.

술에 젖은 저녁이다. 너무 심하다. 먼저 맥주를 모두 끝내고는 혼합주 팩을 더 빠른 속도로 끝내 버렸다. 이네스는 벌써 탈이 나서 동생 릴리암이 데리고 갔다. 막스도 질린 표정이다. 이네스보다 더 심한 것 같다. 그 와중에 라파엘이 오토바이 짐받이 가방 한쪽에서 보드카 한 병을 꺼내 왔다. 한바탕 난리가 났다. 나는 아무것도 손대지 않았다. 나는 모든 걸 관리해야 하고 중심을 잃으면 안 되기 때문이다. 우리 집에서 일탈 행동은 안 될 일이다. 내일 부모님께서 오시기 전에 정원이며 집 안이며 모두 깨끗하게 정리도 해야 한다. 모르간도 이 모든 상황에 거리를 두고 한쪽에 앉아서 생각에만 잠겨 있다. 라파엘은 모르간에게 신경도 안 쓴다. 나는 모르간에게 말을 걸었다. 모르간이 라파엘에 대해 이야기해 주었다. 우리보다 나이가 꽤 많단다. 전문 과정 바칼로레아를 딴 후 지금은 자동차 수리공으로 일하고 있고, 한 달 전쯤에 알게 되었는데 아버지 회사 동료 아들이라고 했다. 처음에는 뭐 좋았단다. 아마 나이 많은 누군가와 다니는 게 으쓱하기도 했겠지. 그런데 지금은 잘 모르겠단다. 별로 진지하지도 않고 만나면 그렇게 할 말도 없다고 했다.

라파엘은 모든 대화를 독점하고 마치 자기가 세상에서 중심이 된 양 행동했다. 이 녀석에게는 두 가지 마르지 않는 샘이 있는데 바로 말하고자 하는 욕망과 술에 대한 갈증이었다.

원맨쇼를 보는 것 같았다. 데이트 이야기, 오토바이 클럽 이야기에 속도, 위험, 속도 감지기, 소용없는 속도 제한, 기술 등등. 오토바이는 바로 기술이라고 했다. 무게중심을 옮기고 체중을 한쪽에만 실어서 마지막 피치를 올린 다음 앞바퀴를 뒷바퀴와 반대 방향으로 돌려서 커브를 돌면 끝. 라파엘이 말하는 속도는 점점 빨라졌다. 아마도 술이 원동력이 되는 것 같았다.

피할 수 없었던 일, 드디어 뒤죽박죽 난리가 났다. 인내심을 잃은 순간에 라파엘을 막아선 건 바로 막스였다.

막스 다른 이야기 좀 해 보지, 분위기 좀 바꾸게. 육상, 그런 거 알아?

라파엘은 기분이 나빴는지 벌떡 일어서더니 조금 비틀거렸다. 술에 잔뜩 취해 있었지만 다시 일어섰다. 그가 모르간에게 손짓을 하며 말했다.

라파엘 이제 가자. 이 잘난 체하는 똑똑한 놈들 이제 신물 난다.

막스가 벌떡 일어섰다.

막스 너 뭐라고 했어?

막스는 육상 클럽에서 달리기를 하는 것이 아니라 창던지기를 한다. 난 난투극이 일어나지 않도록 막아 서야 했다. 막스 어깨에 한 손을 올리면서 진정시켰다.

나 됐어, 됐어…….

새벽 두 시. 이제 파티도 끝났다. 막스가 제일 먼저 가고 다른 아이들도 곧이어 따라 나갔다. 모르간은 제일 마지막까지 있었는데 불편한 표정이었다. 나는 정원을 정리하기 시작했다. 큰 목소리가 들렸다. 집 앞 골목에서 말다툼하는 소리가 들렸다. 모르간과 라파엘이었다.

모르간 이렇게는 갈 수 없어. 넌 너무 많이 마셨잖아. 위험하다고.
라파엘 넌 상관하지 마. 난 내가 알아.
모르간 이런 상태로 네 뒤에 타는 게 겁이 난단 말이야.
라파엘 날 여기로 데려온 건 너야. 이럴 거면 데려오질 말았어야지.
모르간 그래, 네 말이 맞아. 나 혼자 왔어야 하는데…….

라파엘 (공격적으로 변하면서)네가 무슨 잔꾀를 부리는지 내가 몰랐을 줄 알아?

난 싸움을 말리려고 뛰쳐나갔다. 갑자기 우리 집 옆 빌라 덧창이 열리면서 쾅 소리가 났다. 이웃에 살고 계신 리샤르 아저씨였다.

리샤르 아저씨 기욤, 네 친구들한테 목소리 좀 낮추라고 말해
  주겠니?
나 죄송합니다, 리샤르 아저씨.
리샤르 아저씨 음악 소리는, 그래 토요일 밤이니 좋다고 하자.
  그래도 우리 집 창문 아래서 큰 소리로 떠드는 것은 하지
  말아야지.
나 네, 맞습니다. 죄송합니다.

라파엘은 간신히 오토바이에 올라탔다.

라파엘 이 지독한 바보는 도대체 뭘 하려고 뛰어나온 거냐,
  뭐가 불만이야? 그래, 모르간, 넌 내가 데려다 줄게. 어서
  올라타.

이 형편없는 녀석이 오늘 파티 다 망쳐 놨다. 녀석이 오토바이 시동을 걸었다. 다시 한 번, 또 다시 한 번. 그러면서 분명한 목소리로 말했다.

라파엘 내가 말했지. 내가 데려다 준다고. 어서 올라타. 무슨 말인지 알겠어, 모르간? 내가 내려서 직접 태워야겠어?
나 이해가 안 되는 건 바로 나야, 이 녀석아. 모르간이 싫다고 하잖아. 귀가 막혔냐?
라파엘 너 내 주먹맛 좀 봐야겠구나, 이 쪼그만 녀석!

그때 등 뒤에서 목소리가 들렸다.

리샤르 아저씨 어이, 오토바이 타고 있는 녀석!

리샤르 아저씨가 라파엘 쪽으로 걸어오고 계셨다. 지쳐 보이는 50대 아저씨였지만 딱 벌어진 어깨에 건장한 체격, 몽둥이 같은 두 주먹을 가지고 계셨다. 내가 라파엘이라면 덤비지 않을 거다. 하지만 라파엘은 계속 오토바이를 부르릉대며 말했다.

라파엘 무슨 상관이야?

리샤르 아저씨 네가 술 취해서 거리를 다니는 동안 네가 길에
　서 만나는 사람들은 생각 안 해 봤지? 이 늙은이가 이야
　기해 줄까?

이미 아저씨는 라파엘 팔을 잡으려고 손을 뻗치고 계셨다.
그러자 라파엘은 웅웅 엔진 소리를 내면서 성급히 떠났다. 오
토바이는 비틀거리면서도 계속 큰길로 나가며 속력을 내더니
사라졌다. 곧 오토바이 꼬리등도 길 끝 쪽에서 더 이상 보이
지 않았다.
　잠시 뒤, 우리는 리샤르 아저씨 댁에 있다. 내가 아저씨 집
에 들어간 적은 처음이었다. 리샤르 아저씨는 동네에서도 별
로 눈에 띄지 않으며 별로 말을 나누지 않는 이웃이었다. 나
는 아침, 저녁 인사하는 게 전부였다. 조금 전, 아저씨께서 말
씀하셨다.

리샤르 아저씨 우리 집에서 커피 한 잔 하자. 어찌 되었든 너
　희가 내 밤잠을 망쳐 놨으니 말이다. 너희에게 보여 줄 것
　도 있단다.

부엌에서 커피 메이커가 꾸르륵거리는 소리가 들렸다. 그
동안 나와 모르간은 거실 소파에 앉아 있었고 눈은 거실 벽을

향하고 있었다. 벽에는 그리 최근에 찍은 것은 아닌 사진들로 덮여 있었다. 대부분 아주 젊었을 때 모습을 한 리샤르 아저씨, 미인이신 부인 그리고 아버지를 아주 많이 닮은 아들 사진들이었다. 휴가 때, 생일 때, 눈 속에서, 크리스마스 때 사진들…… 그 사진들 속에서 아이도 많이 컸다. 마지막 사진에는 한 열넷, 열다섯 살 정도 되어 보이는데 그 후에 찍은 사진은 없었다. 리샤르 아저씨는 사진에 눈길을 주던 우리를 놀라게 했다.

리샤르 아저씨 우리 아들은 열다섯 살 때까지 자라고는 그만 자랐단다. 자전거를 타다가 죽었어. 시골길에서 술에 완전히 취한 한 남자가 모는 화물차에 치였지. 그것도 나중에 소송하면서 안 사실이야. 그 남자는 경찰이 무서워서 우리 아들을 구덩이에 던져 버렸대. 그래서 3시간 뒤에야 발견하게 되었단다. 만약 그 미친 운전자가 멈춰서 즉시 구급차를 불렀다면 살릴 수 있었을 거라고 이야기하던데…… 그래도 자동차 정비소에 두고 간 그 화물차 덕에 내 아들을 죽인 썩을 놈을 찾아내긴 했는데 그게 무슨 소용이겠어…….”

모르간은 내 팔을 꽉 잡았다. 우리는 아무 말도 하지 못했다. 목이 메어 왔다. 무슨 말을 해야 하는 건가? 침묵 속에 커피만 마셨다. 잠시 뒤에 우리는 일어났다.

리샤르 아저씨 종종 우리 집에 놀러 와라, 기욤. 그러면 내가 아주 기쁘겠구나.
나 네, 꼭 올게요. 리샤르 아저씨, 커피 잘 마셨습니다.

밖은 시원하다 못해 이제 추워지려고 한다. 거리는 조용했다. 모르간은 내 팔을 놓지 않았다.

나 내가 집에 갈 수 있게 택시 불러 줄게. 나한테 돈이 좀 있을 거야. 그거면 될 것 같은데.
모르간 누가 집에 가고 싶어 한다고 그래?

우리는 둘 다 미소를 지었다. 밤은 아름다웠다. 나는 대문을 열었고 정원은 무인도 같았다. 우리는 마치 의도적인 조난자들처럼 정원을 가로질러 갔다. 적어도 내일까지는 우리밖에 없다.

'우리가 열일곱 살이 되어도 우리는 진지해지지 않는다.' 이 말을 한 것은 아서다.

‘둘이서 이야기를 나누면 인생은 소설이 된다.’ 이 말을 쓴 것은 바로 나다.

술에 취한 젊은이들

북유럽 국가 대부분에서는 젊은이들이 소비하는 술 소비량이 지난 10년간 계속 늘고 있어.

그들이 소비하는 음료 중 가장 많은 것은 맥주야. 유럽 젊은이들 중 약 14퍼센트가 정기적으로 적어도 일주일에 한 번은 맥주를 마신다고 해. 그리고 15세 이상 젊은이 중 약 33퍼센트는 최근 6개월 동안 적어도 한 번은 만취 상태에 이른 적이 있다고 밝혔어. 다행히 프랑스는 젊은이들이 정기적으로 음주를 하는 부분에서는 유럽 국가 중 하위권에 머물고 있지.

하지만 오늘날 프랑스에서도 청소년, 심지어 아주 어린 아이들까지도 폭음을 하는 현상이 일어나고 있어. 폭음은 빨리 술에 취하려는 목적으로 상당한 양을 짧은 시간 안에 과하게 마시는 것을 말하는데, 이것은 알코올중독이 되게 할 뿐만 아니라 이것이 습관화되면 사회적 혹은 보건적 합병증을 가져올 수도 있다는 걸 알아야 해. 만취 상태에서 운전하는 행동, 비행과 범죄행위뿐만 아니라 급성 알코올중독, 즉 알코올중독 혼수상태(사람에 따라 혈중 알코올 농도가 리터당 2~4그램인 경우)까지도 올 수 있지.

음주=길거리로 외출

길은 자유를 상징하지만, 프랑스에서는 청년 사망 원인 중 자살보다도 더 많은 가장 높은 비중을 차지하는 이유이기도 해. 통계에 따르면 15~24세 사망자 중 약 1,400명이 매년 교통사고로 사망한대.(자살 사망자는 6백 명이 좀 안 되기는 해도 전문가들에 따르면 이는 공식적인 수치이기 때문에 이보다는 20퍼센트 정도 높게 생각해야 한다.) 교통사고 사망자 수는 1970년대와 2007년을 비교하면 훨씬 낮아지긴 했지만, 그 후에는 정체기야. 2007년 교통사고 사망자 수 가운데 4.3퍼센트가 15~17세 청소년이었고 이들 중 절반이 사고 당시에 소형 오토바이를 타고 있었어. 18~24세 청년들은 교통사고 사망자 중 21퍼센트를 차지하지만 사실 전체 인구 중 이 연령대가 차지하는 비율은 9퍼센트밖에 되지 않아. 청소년에게 이와 같은 사고가 심각한 원인은 여러 가지가 있어. 물론 경험 부족이고 밤이라는 시간(치명적인 사고 중 63퍼센트가 일반적으로 주말 밤에 일어난다.), 음주(전체 가운데 35퍼센트의 경우, 젊은 운전자들이 만취 상태였다.) 그리고 마지막으로 오토바이인데, 이는 오토바이 사고가 차량 사고보다 훨씬 심각한 결과를 가져오기 때문이야. 지방 도로와 국도가 가장 위험한 반면 고속도로는 상대적으로 그렇지 않았고 교통사고 사망자 중 4분의 3이 남성이었어.

야간 통신원

프랑스 몇몇 도시에서는 야간 통신원들이 매일 밤 두 명씩 짝을 이루어서 '불안한' 지역을 돌아다녀. 이는 주민과 교류하며 정보를 나누고 문제를 미리 알려 주기 위한 목적이 있어.

소음은 도시에 피해를 입히는 주요 공해 중 하나야. 그래서 야간 통신원들은 흥청거리는 사람들을 집으로 돌아가게 하거나 소리를 낮출 것을 권고하려고 애쓰고 있어. 야간 통신원들이 없었더라면 위협, 모욕, 만취 상태, 다양한 피해를 줄 수 있는 행동들은 경찰이 개입할 수밖에 없는 결과를 가져왔을 거야. 때로는 그 방법 외에 해결책이 없는 경우도 있으니까 무슨 경우든지 경찰이 개입하는 것을 반드시 피해야 된다고 할 수는 없겠지만, 우선 이들이 진정하도록 노력하는 것이 더 나을 수도 있겠지? 야간 통신원들은 대화로써 주거침입을 막을 수 있고 외로운 사람들이나 자살 시도자들 그리고 우울증에 걸린 사람들에게 실제적인 도움을 줄 수도 있어. 또한 위기에 놓인 부부들에게도 개입을 해서 부부간 폭행을 피하도록 도와줄 수 있어. 이들은 순찰을 마치고 나서 개입했던 모든 사건에 대해 정확한 일지를 기입하고 이것을 다른 기관들, 심리학자, 경찰은 물론이고 공공 임대 기관(주거 환경의 향상), 의사, 교사(특히, 청소년들이 밤에 문제를 일으킨 경우), 기타 사회 서비스 단체들과 공유하며 함께 활동하고 있어.

나 그리고 타인들

심리학자, 아동 정신 의학자, 사회학자 그리고 사회적 인간에 대한 전문가들은 '현대사회에서 우리 자리를 찾는 것은 항상 쉬운 일은 아니다.'라고 말해. 그래서 청소년들이 소음을 내거나 건물 복도에서 담배를 피우거나 아무 곳에나 쓰레기를 버리면서 이웃에게 피해를 주고 부모와 교사 들에게 덤비는 모든 행동이 일종의 자기 존재를 분명히 드러내기 위한 것일 수도 있다는 거야. 최근에는 이것에 대해 '위험한 행동'이라고 부르는데. 요즘 여학생들이 예전처럼 더 이상 착한 여학생이라는 틀에 박힌 행동만을 하지 않는다 할지라도 여전히 남학생들이 여학생들보다는 더욱 이러한 행동을 하려는 경향이 있다고 해.

이 사회가 진정 한쪽에는 나, 다른 한쪽에는 나를 제외한 타인들로 분리하는 극단적인 개인주의로 변화하는지를 규정하는 것은 정말로 어려운 일이야. 어떤 개인들은 오늘날 우리가 '위험한 행동'이라고 규정하는 행동들을 하지. 그리고 일부 걸작 영화들, 굳이 세 가지만 고른다면 '삶의 열정La Fureur de Vivre', '레퀴엠Requiem for a dream', '트레인 스포팅Trainspotting' 같은 영화들은 이런 존재 방식을 찬양 또는 고발하고 있어. 그런데 문제는 사회적 거부, 마약, 감옥 그리고 죽음 같은 심각한 문제에 빠지기 전에 얼른 탈출구를 찾는 것이야.

'페이스북'을 선전하는 극히 추한 거짓 광고 이야기 하나를 들려줄게. 한 청년이 어느 날 저녁 가장 친한 친구 네 명과 함께 자동차를 타고 어디론가 가고 있어. 그는 자신만 안전띠를 하고 있다는 것을 알고 있었지만 친구들에게 그 사실을 말하지 않아. 결국 사고가 일어났고 청년만 살아남고 친구들은 모두 죽었어. 하지만 그 청년은 '페이스북' 덕분에 클릭 몇 번만으로 다시 친구 열 명을 만나게 되지.

길 위에서

'길을 떠난다.' 이것은 오래전부터 젊음이 가진 자유를 나타내는 주요한 상징처럼 이해 됐어. 종종 일상 공간에 자신을 제한하지 않으면서 어른이 되었다는 일상적인 감정 표현 방법들을 초월하려고 하는 것이지. 그중 운전 연습은 어른에 입문하는 형식이 거의 사라져 버린 현대사회에서도 진정한 통과의례처럼 남아 있어. 이를 다양한 운전면허들이 증명해 주고 있으며 상당수 청소년에게 운전면허증은 나이에 따라 획득한 자율성을 표현하는 주요 방식이 된 거지. 즉, 14세 때는 소형 오토바이 면허, 16세 때는 125cc 이상 오토바이 면허, 18세 때는 자동차 면허, 마지막으로 21세 때는 대형 운전면허가 가능해.

도로가 주는 자유는 실제로 많은 신화를 탄생시킨 원천이 되었어. 미국 소설가 잭 케 루악이 쓴 유명한 소설《길 위에서Sur la route》나 남미를 강타했던 체 게바라가 라틴아 메리카를 여행하며 쓴《모터사이클 다이어리The Motorcycle Diaries》그리고 '이지 라이 더Easy Rider(1969)'나 '인투 더 와일드Into the Wild(2007)'와 같은 로드 무비들도 신화를 만들었어. 그런데 여기서 표현된 자유는 만취 상태 감정과 결합되는 경우가 상당히 많 아. 이는 속도 같은 또 다른 만취 형태나 술과 마약이 초래하는 결과가 길에 접어드는 것이라는 사실과 자주 연결되는 이유를 이해하도록 도와주고 있어.

tip 그다지 매력적이지 않은 보험 계약!
일부 보험회사에서는 보험의 추한 모습을 적나라하게 드러내는 특별 보험을 젊은 운전 자들에게 제안하고 있어.

「젊은 운전자 보험」 계약 전문가들이 '도로 사고 청년 사망률'을 개인에 맞추어 제시하고 어떠한 부담 없이 무상으로 청년 사망률 견적을 내 드립니다. 여러분은 3분 안에 '도로 사고 청년 사망률' 보험 가입 비용 견적을 받으실 수 있습니다.」

등골이 오싹할 만한 그림들보다는 오히려 이러한 예의 바른 글들이 더 효과가 있는 것 같이 느껴져. 왜냐하면 '도로 사고 청년 사망률'(문장론으로 보았을 때 0점) 뒤에는 진정한 비극적 사건들이 숨겨져 있기 때문이야.

14장
부당하더라도 늘 복종해야 할까?

'복종하다, 수용하다, 순응하다'
우리는 삶을 통해서 복종과 불복종 사이에
선택을 해야 하는 경우가 종종 생기곤 한다.
각자는 먼저 부모와 자식 관계에서 이와 같은 경험을
하게 되고 다음으로는 학교, 이후에는 직장 상사
그리고 때로는 기동대나 법정에서 경험하기도 한다.
하지만 모든 권력이 맹목적으로 복종해야 할 가치가 있는 것일까?
그것이 우리 눈에 명백하게 부당해 보이는 경우일지라도?

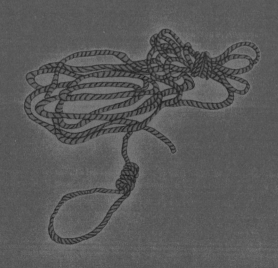

윌젠 이야기
머리 숙이지 마라, 내 딸아

아즈라, 당신이 남겨 놓은 흔적을 다시 찾아내는 데 오랜 시간이 걸렸어요.

우리 부모님은 한 번도 당신에 대해 나에게 이야기하신 적이 없었거든요.

단 한 번도 나는 당신 이름을 말하는 것조차도 들은 적이 없어요.

이유도 알지 못했죠. 지금은 그 이유를 알아요.

간단해요. 단 한 단어로 말할 수 있으니까요.

끔찍한 단어.

'낙태.'

내가 당신을 만나고 싶었던 것은 바로 술레이만 때문이에요. 우리 둘은 말다툼을 하게 되었지요. 나는 내 방에 있었어요. 이 아파트에서 가장 작은 방이지만 난 무척 맘에 들어요.

창문이 숲 쪽으로 나 있기 때문이죠. 이 건물은 주택단지에서 가장 마지막에 있는 건물이고 도로 가장 끝에 있어서 우리 건물 뒤로는 아무것도 없어요.

술레이-이제는 이렇게 불러 주는 걸 더 좋아해요.-는 내 방에 들어왔어요. 나는 요즘 수학 수업을 따라가기가 좀 힘들어서 복습을 하는 중이었어요. 아마도 내 수학 실력이 고등학교 1학년 수준에 못 미치는 것 같아요. 오빠는 손에 학교신문을 들고 있었지요.

"너 모르는 사실이라고 나를 설득하려 하지 마."

"이거 학교신문이잖아. 무슨 일인데?"

"자칭 작가라고 하는 실뱅, 이 녀석이 쓴 글인데 너에 대해 썼어."

실뱅은 이상한 꿈 이야기를 소재로 소설을 하나 썼어요. 모든 사람이 예방접종을 해야만 하는 악몽에 대한 이야기였죠. 이 소설 속 등장인물 중에 한 여학생이 있는데 그게 나를 좀 닮았어요. '길고 검은 머리카락에 몸매를 드러내지 않는 옷을 입고 다닌다. 그리고 좀처럼 말하는 것을 들을 수 없다.' 바로 저예요. 실뱅은 내 이름을 바꾸려고 나름 애를 쓰긴 한 것 같아요. 윌젠 대신 오리잔느로 썼거든요. 난 이 이야기를 읽고 나서 몰래 하는 사랑 고백이라는 생각이 들었지만 아마도 내가 오해한 걸 수도 있어요. 하지만 술레이는 그렇게 확신하는 것 같았어요. 누가 오빠에게 의심을 품게 했는지 생각해 보았어요. 왜냐하면 오빠는 보통 학교신문을 읽지 않으니까요.

"그 녀석이 네 주변을 맴돌지 못하게 해. 어서 그러라고! 그리고 너도 정숙하지 못한 행동은 하지 않도록 조심하고. 네가 우리 가족 이름에 먹칠하도록 내버려 두지 않을 거야."

보통 나는 아무 말도 하지 않아요. 항상 내가 다 참죠. 그렇지만 이번에는 치밀어 오르는 감정이 나보다 더 힘이 셌어요. 나는 도저히 참을 수가 없었어요.

"오빠가 어떻게 참견할 건데? 누가 나한테 도덕교육을 시키라고 했는데? 오빠가 뭔데, 아빠라도 돼?"

정확히 바로 그때 아버지께서 문에 서 계셨어요.

"너희 이게 무슨 난리냐?"

"아버지 딸이요, 부끄러운 줄도 모른다고요!"

술레이가 말했어요. 그러고는 아버지께 학교신문을 보여 드렸어요.

식사 시간은 완전 살얼음판이었지요.

어머니도 아무 말씀 없으세요. 감히 조그만 소리도 내지 못하시죠.

우리 오빠가 데리고 올 여자는 아마 어머니를 닮은 여자일 거라는 거, 나는 알아요.

아버지는 식사를 마치시고 입을 닦으신 후 정성껏 냅킨을 접으셨어요.

그러고는 커다란 양손을 식탁 위에 올려놓으셨죠.

아버지는 내 눈을 똑바로 쳐다보셨어요.

"너는 내가 왜 죽도록 일하는지 아냐?"

나는 감히 대답할 수 없었어요.

"내가 누구를 위해서 온갖 희생을 다 치르는지 알아? 너 듣고 있냐?"

"저희를 위해서요. 저희가 공부할 수 있도록……."

나는 대답했어요.

"우리 아들이 공부하고 또 우리 딸이 공부할 수 있도록 그런다. 그리고 저 멀리 우리 나라에서는 내가 이렇게 하는 것에 대해 사람들이 어떻게 생각하는지도 잘 알고 있지?"

나는 머리를 흔들며 아니라고 했어요. 점점 더 목이 메어 왔어요.

"다 쓸데없는 일이야. 공부하는 여자는 아무 데고 쓸데가 없어. 신세를 망치기만 하지. 네 어머니 동생만 봐도 그렇잖아. 그런데 너, 너도 이제야 그게 또 옳다는 것을 보여 주는구나. 너는 나를 속였어."

나는 아버지께 설명하기 위해서 내가 가진 용기를 모두 짜내었어요.

"저는 아무 짓도 하지 않았어요. 저는 이 남학생한테 한마디도 한 적이 없는걸요……."

아버지는 식탁을 탁 치면서 내 말을 막으셨어요.

"너는 고등학교 1학년만 마쳐라. 그리고 실습할 자리나 알아봐. 그다음에 결혼이나 하게 될 거다."

내 운명은 이미 정해져 있어요.

아버지가 그렇게 종지부를 찍으셨죠. 어떤 것도 달라질 수 없어요.

아즈라, 바로 이때부터 나는 당신을 찾기 시작했어요.

나는 이야기를 할 필요가 있었어요.

당신 같은 누군가와 말할 필요 말이에요.

나에게는 용기가 필요했거든요.

그리고 나는 당신이 용기를 가졌을 거라 생각했어요.

그런데 당신을 찾는 것은 쉬운 일이 아니었어요. 단지 당신이 내 이모라는 것밖에는 당신에 대해 아는 것이 전혀 없었으니까요. 또 나를 도와줄 사람도 아무도 없었어요. 어떤 도시에서 당신이 남긴 흔적을 찾아야 할까요? 인터넷으로 당신 이름을 검색했지만 아무런 도움이 되지 않았어요. 이름으로 검색하니 2002년 미스 월드 터키, 록 그룹 이름, 인도 가수 같은 것밖에 나오지 않았어요. 그래서 마지막으로 생각한 방법이 외할머니 댁에 가는 것이었어요. 최소한 일주일에 한 번은 바바안느 할머니를 뵈러 가요. 할머니는 재미있으세요. 전 정말 할머니를 사랑해요. 우리 할머니에게는 철천지원수가 하나 있는데 바로 행정기관이에요. 행정기관은 악착같이 할머니랑 전쟁을 하려고 하거든요. 할머니가 서류들을 제대로 작성하시는 적이 없기 때문이에요. 이전에는 모두 할아버지께서 하셨대요. 그런데 그 일을 못 하시게 된 지 2년이 되었어요. 더 이상 안 계시거든요. 바바안느 할머니는 제가 이 원수들과 싸워주길 바라세요. 할머니는 저만 믿으시거든요. 다른 모든 손자, 손녀는 이 일을 할 만큼 똑똑하지 않다며 고집을 피우세요.

바로 그날, 나는 바바안느 할머니가 집세 지원을 계속 받기 위해서 필요한 고약한 종이를 찾고 있는 중이었어요. 나는 할아버지께서 정리해 놓으신 수많은 고지서, 월급 명세서, 처방전 들이 가득 담겨 있는 상자를 뒤지고 있었어요. 그러다가 우연히 주거가 어려운 사람들을 지원하는 단체에 제출했던 접힌 종이를 찾아냈어요. 만약 할머니가 지원을 받지 못하신다면 바바안느 할머니도 이들처럼 되었을 테지요. 그리고 이런 연관 관계가 없었다면 나는 이 접힌 종이를 펴 보지 않았을 거예요. 종이 안쪽에 주소와 함께 연락처들이 죽 적혀 있었어요. 그런데 그중에 빨간색으로 동그라미를 쳐 놓은 성이

하나 있었어요. 주베르. 처음 보는 성이었어요. 하지만 이름은
바로 아즈라였어요.

며칠 뒤, 나는 책을 읽으러 시립 도서관으로 가는 대신 버
스를 타고 도시를 가로질러 갔어요. 조금 멀미를 하긴 했지만
'주거에 자유로운 접근'이라는 단체의 작은 지역국이 있는 건
물을 드디어 발견했어요. 문을 열고 들어갔지요. 수많은 서류
가 쌓여 있는 책상 몇 개를 보았어요. 그곳에서 컴퓨터 앞에
앉아 전화를 받으며 일하는 사람들이 대여섯 명 있었어요.

나는 단번에 당신을 찾아냈어요, 아즈라.
금방 알아볼 수 있었어요.
우리 엄마와 비슷한 모습이었거든요.
당신 옆에 있는 사람은 훨씬 많이 늙어 보이더라고요.
비어 있는 삶은 더 빨리 가는 것 같아요.
당신도 나를 눈썹을 치켜세우면서 쳐다보셨어요.
정확히 내가 놀랐을 때처럼 놀라셨죠.
그리고 말씀하셨어요.
"윌젠?"

아즈라, 당신이 첫 만남 때 하셨던 말씀 하나하나가 제 기
억 속에 새겨졌어요. 내가 용기가 부족하다고 느꼈을 때 그

말들은 나에게 다시 용기를 주고 나를 밝혀 주어요.

바바안느 할머니 때문에 당신도 내가 누구인지 쉽게 짐작했겠지요. 할머니가 당신에게 조카들 사진들을 주셨을 테니까요. 아니면 날 알아볼 수 있는 방법이 없었겠지요.

바바안느 할머니는 최근 몇 년간 당신을 가끔 만난다는 이야기를 아무에게도 하지 않으셨어요. 잘 숨기고 계셨지요. 하지만 한 가지 사실이 당신을 놀라게 했어요. 당신 이름 주변에 있었던 서류들이요. 내가 어떻게 할아버지께서 남겨 두신 서류 상자 속에서 당신 사무실 주소를 알게 되었는지 이야기할 때였죠. 나는 당신이 감정을 잘 감추질 못한다는 것을 알았어요. 적어도 한 번만이라도 할아버지를 보셨으면 좋았을 텐데…… 돌아가셨을 때라도. 하지만 당신 오빠 세 명이 모두 반대를 했지요. 그분들께는 당신이 페스트 환자 같으니까요. 엄마는 언제나 그렇듯이 감히 목소리를 내지 않으셨죠.

지금 당신 성은 주베르였어요. 다르게 불릴 수도 있었을 텐데……. 이 성은 여름방학 동안 알게 된 후 당신을 임신시킨 먼 사촌의 성이였죠. 당신의 아버지, 오빠들 그리고 이런저런 친척 모두에게 문제는 아주 간단했어요. 당신이 그 남자와 가능한 빨리 결혼해서 문제를 해결하는 것이었죠. 하지만 당신은 그 남자와 함께하는 삶을 받아들일 수 없었고 열여덟 살에 아이를 팔에 안고 있는 자기 모습을 절대로 보고 싶지 않았죠. 당신은 협박도 당하고 모욕도 당하고 심지어 따귀도 맞았지만 생각을 바꾸지는 않았어요. 남편도 아이도 아니었어요. 당신은 자유를 주저 없이 선택했고 그 대가가 무엇인지도 알았어요.

당신은 마을을 떠나서 낙태 수술을 했어요.

당신 편인 사람은 그 누구도 없었어요. 갑자기 모든 문이 닫혀 버린 거죠. 이제 할 수 있다면 스스로 알아서 살아가야 했어요. 그래서 당신은 아무도 모르는 곳을 찾아 큰 도시로 갔고 거기서 살게 되었어요. 일자리도 찾아야 했고 살 집도 있어야 했고 매일 당신이 선택한 자유를 보호하기 위해서 싸워 나가야 했어요. 그렇게 수년을 지내고 당신은 다시 이곳으로 왔지요. 당신은 나에게 아무 말도 하지 않으셨지만 난 알아요. 부모님 근처에서 지내고 싶으셨던 거지요. 그리고 여기서 당신은 평생을 함께할 동반자를 만나게 되었어요. 아이는 없으시네요. 당신이 살아온 삶은 부정의에 대항하여 싸우며 보낸 인생이어서 아이를 키울 시간이 없었나 봐요. 나는 왜 당신이 이런 선택을 했는지 알아요. 부정의가 주는 쓴맛, 당신은 그것을 그 누구보다 잘 알기 때문이죠.

우리는 오랫동안, 아주 오랫동안 이야기했어요. 그리고 시간을 보고는 깜짝 놀랐지요. 시간 안에 집에 도착하려면 당장

버스를 타야 했거든요. 당신은 무슨 일인지 금방 알아채시고
는 우리가 조금이라도 더 함께 이야기할 수 있을 거라며 차로
데려다 주기로 하셨어요.

내가 두 번째로 당신, 아즈라를 본 것은 우연이었어요.
나는 당신이 정말 자랑스러워요.
나도 당신을 닮을 수 있는 힘을 가지고 싶어요.

당신을 본 곳은 바로 티에르 길이었어요. 오래된 건물 78호
앞에 사람들이 모여 있었어요. 길 양쪽 끝에는 경찰들이 우글
거렸어요. 대부분 아이들과 함께 사는 스무 가구 정도가 아침
일찍부터 길거리로 쫓겨난 일 때문이었지요. 인도 위로는 터
질 듯한 가방들과 재빨리 싼 듯 보이는 상자들이 가득했어요.
거기에는 다양한 연령의 사람들, 아기들을 팔에 안거나 등에
업은 여자들 등 온갖 사람들이 다 있었어요. 그리고 당신, 아
즈라는 '주거의 자유로운 접근' 단체 직원들과 함께 이 사람
저 사람들을 만나면서 정보를 주고 설명하면서 안심시키고
있었어요. 당신이 나를 알아보시고는 손을 흔들면서 나를 만
날 시간이 없어 미안하다는 듯 미소를 보내 주셨죠.
그래도 나는 거기에 계속 있었어요. 이 사람들이 이야기하
는 말을 듣고 싶었거든요. 이들은 대부분 일자리가 있었지만

피부색이나 다른 나라 출신임을 보여 주는 이름 때문에 거주지 마련에 어려움을 겪고 있었어요.

그러던 중 이들은 고급 주택 건축을 위한 부지 때문에 이 건물을 철거한다는 이유로 자신들이 살던 건물에서 쫓겨나게 된 것이었어요. 도지사는 이들에게 그 지역 내 다양한 호텔에서 무상으로 3일 밤을 보낼 수 있게 해 주었어요. 하지만 그 후에는? 그때부터는 알아서 해야 하죠. 그게 다였어요. 몇몇 사람은 그들을 다시 이곳에서 살게 해 주지 않는다면 인도에서라도 버티기로 결정했어요. 그렇게 이곳에 비명과 불안한 움직임이 생기고 있을 때 당신은 이들과 장소 마련을 위해서 구체적으로 이야기를 나누고 있었어요. 그런데 갑자기 경찰들이 들이닥쳐 사람들을 인도에서 몰아내기 시작했어요. 나는 경찰들이 아이를 안고 있는 여자들의 팔과 다리를 잡고 끌어내는 것을 봤어요. 검은 옷을 입은 이 로보캅들의 공격에 놀란 아이들의 울음소리를 듣는 것은 정말 끔찍했어요.

갑자기 내가 그곳에 있는 것만으로도 두려워졌어요.
맞게 되거나 나쁜 일을 당하게 될까 봐 두려웠죠.
수갑이 채워져서 경찰차에 끌려갈까 봐 두려웠어요.
모욕을 당할까 봐 무서웠고 아버지 앞에서 이 모든 일을 설명하게 될까 봐 두려웠어요.

하지만 아즈라, 당신은 기자단들이 현장에 나타날 때까지 침착하셨어요. 경찰들이 위협하는 것에도 아랑곳하지 않고 말이에요. 한 카메라 기자가 촬영을 시작했어요. 곧 한 경관이 대열에서 나와 당신을 보러 갔어요.

당신에게 말하는 투를 보니 서로 이미 잘 아는 사이 같아 보였어요.

"주베르 부인, 내가 보니 당신과 이미 의사소통을 한 것 같군요. 그러니까 언론을 오라고 한 것이 바로 당신이지요! 불법 점거하고 있는 당신 친구들이 이곳을 떠나지 않게 될 것 같소? 좋소, '불법 시위'를 이유로 조서를 작성해 다음 목요일에 중앙 경찰서에 소환되실 것임을 알려 드립니다. 남편이 변호사이신 것 같던데요? 6개월 실형 및 7,500유로 벌금형이 될 수 있다는 것을 알려 드려야겠군요."

1분 후, 경찰들은 모두 차에 올라타 그곳을 떠났어요. 한편, 내몰린 여러 가족은 당신을 둘러싸고 승리에 들떠 함성을 질렀고요.

당신은 감옥에 가지 않았어요.
반대로 텔레비전 지역 뉴스에 나오게 되었지요.
티에르 길 사건은 시사 문제로 논의되었어요.
이제 국회의원들이 이 문제를 해결해야 했어요.

살던 집에서 갑자기 쫓겨난 가족들의 상황들이 조금씩 해결되어 가는 것 같아요.

아주 조금이요. 너무 큰 기대는 하면 안 되고요.

텔레비전에 당신 모습이 나왔을 때 우리 가족은 모두 놀라워하면서도 아무 말도 하지 않았어요. 아버지는 평소 때보다 더, 축구 경기를 보실 때보다 훨씬 더 주의 깊게 보셨지요. 당신이 모든 인간은 주거지를 가질 권리가 있다고 설명할 때는 동감하시는 듯 머리를 몇 번이나 끄덕이셨어요. 그리고 갓난아이를 안고 있는 젊은 엄마를 경찰이 인도에서 끌어내는 모습이 나오자 아버지는 화를 감추기 위해서 입을 꽉 다무셨어요. 내 생각에 엄마가 눈물을 흘리신 것은 바로 당신을 보았기 때문인 것 같아요. 술레이는 무슨 일이 일어난 것인지 알아보기 위해 휴대전화를 두드리느라 바빴지요.

보도가 끝났을 때 그 누구도 아무 말도 하지 않았어요. 마치 아무 일도 없었다는 듯이 생활했지요. 조금 뒤, 엄마는 나를 보러 내 방으로 오셨어요. 방문을 방긋이 열고는 그 틈으로 얼굴을 내밀면서 물으셨어요.

"수학은 어떠니? 좀 나아졌어?"

"최선을 다하고 있어요."

나는 대답했어요.

"네 말이 맞다. 최선을 다해. 그리고 절대 고개 숙여서는 안 된다. 절대로 잊지 마렴."

엄마는 아직도 프랑스어 표현이 익숙하지 않으실 때가 종종 있으셨어요.

그래서 나는 실수를 알려 드리려고 했지요.

"엄마, 손을 놓지 말라는 말씀이세요?"

"아니, 아니, 난 머리라고 했다."

엄마는 미소를 지으셨어요, 엄마가 그런 미소를 지은 것을 본 지 정말 오래된 것 같았어요. 엄마가 이렇게 반응하시는 것을 보며 난 정말로 깜짝 놀랐어요.

"네가 눈썹을 치켜세울 때면 아즈라를 닮았단다. 윌젠, 너도 아즈라처럼 네가 원하는 사람과 함께 네가 원하는 삶을 만들어 갈 수 있는 용기를 가져라. 나도 이 집에 사는 두 남자가 이해할 수 있도록 너랑 같이 싸울 것이다!"

우리는 서로를 꼭 안아 주었어요.

"엄마 말이 맞아요. 둘이면 우리도 강해질 수 있어요. 아무도 우리한테 머리 숙이도록 강요하지 못할 거예요."

윌젠의 숨은 배경지식 찾기

당혹스러운 실험

1960년대 초 '복종의 정도'를 측정하기 위해서 비미국계 과학자인 스탠리 밀그램은 독특한 실험을 상상했어. 당시는 미국과 소련 사이에서 긴장이 최고조에 있을 때라서 핵전쟁에 대한 두려움도 컸어. 그가 제기했던 질문 중 하나는 바로 군인들이나 일반 시민이 전 지구를 파괴하는 터무니없는 결과를 가져올 수 있는 전쟁에 참여하는 것을 받아들일 수 있는지를 알아보는 것이었지.

밀그램은 실험 대상자들이 복종하는 정도를 측정했어. 즉, 타인에게 분명히 치명적일 수 있는 행동을 요구하는 권력에 사람들이 얼마나 복종하는지를 알아본 거야. 우선 자원자들에게 이를 훈련하는 경험을 해 보도록 했어. 각 실험마다 두 명이 한 팀을 이뤄서 한 명이 다른 한 명에게 일련의 문제를 내고 답이 틀렸을 경우에는 점점 강도 높은 전기 충격을 흐르도록 했어. 전기 충격은 사람한테 치명적인 양인 350볼트까지 줄 수 있도록 했어. 실제로는 답변자는 피시험자로 연기자였고 '전기 충격 의자'에는 전기가 흐르지 않았어. 그저 고통받는 체했던 거야. 조사 결과에 따르면 대상자 가운데 약 4분의 3은 실제 실험이었다면 치명적일 수도 있는 강도까지 전기 충격을 보낸 것으로 나타났어.(이 비율은 실험 방식에 따라 다양했다.) 이렇듯 복종은 인간에게 뿌리박혀 있는 것이라고 할 수 있어.

이 실험은 텔레비전 프로그램으로 방영되었고 동시에 심리학자들에 의해서 실제로 연구되었어. 그 후 2010년에는 스탠리 밀그램이 했던 실험 방식과 비슷한 내용으로 '죽음의 놀이'라는 프로그램이 방영되었어. 당시 드러난 결과에 따르면 복종하는 정도가 50년 전보다 더 눈에 띄게 심해졌다는 것이었지만 일부 사람들은 여전히 용기가 있었고 또 수용할 수 없는 것에 복종하지 않으려는 의지를 보이기도 했어.

거역해야 하는가?

'당신이 부정하다고 생각하는 것에는 복종하지 마라!' 이것은 소로, 간디, 마틴 루서 킹, 카뮈 같은 많은 사람이 개인으로서 특정 사람들에게 주장하는 외침이었어. 미국의 사상가 헨리 데이비드 소로(1817~1862)는 자연과 공생하기를 원했던 사람이야. 당시는 미국 정부가 산업 개발에 열을 올리고 있었고, 소로는 자신과 뜻을 함께하는 사람들과 더불어 자연과 공생할 것을 주장했어. 하지만 이미 미국 정부는 서부 지역을 장악했고 소로와 의견을 함께하던 대다수 사람들은 결국 각자 위치로 돌아가서 정치권력에 복종해야만 했지. 그러면서 소로는 시민 불복종이라는 개념을 만들어 냈는데 이는 정부와 협력하는 것을 거부하면서 부정의에 아니라고 말할 수 있는 비폭력적인 방법이었어.

모한다스 간디(1869~1948)가 펼친 사상은 소로가 펼친 사상처럼 무정부주의 색채를 띠고 있는 것은 아니었지만 영국이 행한 식민주의에 대항하기 위해 시민 불복종을 선택했다는 것에서는 소로와 비슷해. 인도는 당시 영국 식민 제국의 꽃이었어. 그러한 영국에서 자유를 얻기 위해 간디는 인도인들을 적극적인 저항으로 초대했어.

아주 다른 환경에서 마틴 루서 킹(1929~1968)은 미국이 벌인 인종차별에 대항하여 싸웠어. 그는 부당한 법에 불복종했으며 항상 적극적이었으면서도 비폭력적이었어. 그래서 킹은 흑인 출입 금지 구역에 들어가 체포를 당했음에도 불구하고 다시 금지된 시위 행진을 주도해 나갔어. 결국 다양한 형태로 분리되는 것에 종지부를 찍는 법을 만들었고, 1964년에는 노벨 평화상을 수상하기도 했지만 몇 년 뒤에 암살당했어.

그런데 불복종에는 비폭력적인 방법만 있는 것은 아니야. 수많은 혁명 지도자, 작가, 평범한 개인이 여러 방법으로 부정의에 불복종했어. 명령을 하는 사람과 이를 거부하는 사람 사이에 형성된 힘의 관계는 결정적이야. 이에 대해 간디, 마틴 루서 킹, 또 많은 다른 사람들이 확실히 말하고 있어. '우리가 부정의에 대한 거부를 어디까지 할 준비가 되었는지가 정해지면 또 점점 더 급진적이 되어 간다면 이와 같은 복종에 대한 거부로 인해 처벌을 받는 경우, 저항은 더욱더 우리 안에 깊이 뿌리를 내리게 된다는 것을……'

다음 쪽에 나오는 사진은 20세기에 들어서 가장 유명해진 사진 중 하나야. 이 사진은 1989년 6월 초에 한 중국인이 베이징 중심에 있는 천안문 광장으로 이동하는 전차 행렬을 막고 있는 모습을 담고 있어. 당시 천안문 광장에는 대학생들이 독재 정권에 항의하기 위해 모여 있었어. 이 중국인이 누구인지 신원은 알려지지 않았지만 그는 장바구니를 들고 장을 보고 오는 길에 만난, 한 줄로 늘어선 전차들 앞을 막고 서 있었어. 곧 그 중국인과 전차 사이에서 '무용'이 시작되었어. 전차가 오른쪽으로 돌아가려 하면 그도 맞서기 위해 움직였어. 이렇게 전차가 움직일 때마다 그도 따라 움직이면서 전차가 갈 길을 막아섰지. 결국 전차가 멈춰 서자 이 이름 모를 중국인이 탱크 포탑에 올라가서 내부에 있는 군인과 이야기를 시도했어. 그가 다시 전차에서 내려왔을 때 공안에 의해 체포되었는데 우리는 아마도 그가 사형이나 강제 노역에 끌려갔을 거라 상상할 수 있을 거야. 그래도 이후에 그가 한 '적극적인 불복종'은 압제에 대항하는 진정한 상

징이 되었어.

18세일지라도 저항하라!

청소년들이 생명의 위험을 무릅쓰고 사회, 정치 문제에 참여했던 예는 수없이 많아. 2007년 프랑스에서는 고등학생인 기 모케가 가장 대표적인 인물로 선정되었어. 그래서 니콜라 사르코지 정부는 그를 본보기로 삼아 기 모케가 독일인들에 의해 인질로 잡혀 결국 총살형에 처하기 직전에 썼던 마지막 편지를 모든 학교에서 읽도록 했지. 하지만 정부는 이 소년이 겪은 비극적인 이야기를 정치 도구로 이용했다고 지탄을 받았어. 바로 기 모케 가족이 우익이 아니라 공산주의 좌파였기 때문이야.

'아이'라고 불렸던 르네 세네샬은 1942년 2월 23일 총살을 당했어. 르네는 당시 18세밖에 되지 않았어. 르네는 프랑스 레지스탕스 최고 조직 중 하나인 인간 박물관 조직에 속해 있었고 그녀보다 나이가 많은 다른 활동가들 아홉 명과 함께 사형선고를 받았던 거야.

독일에서는 하얀 장미라는 반나치 조직이 젊은 남녀 학생들에 의해 주도되었으며 이들은 나치에 대항하여 싸우는 일에 일생을 바쳤어.

또 우리와 좀 더 가까운 라틴아메리카에서는 1960~1980년대에 수많은 아이가 부모,

게릴라, 사제들, 노동조합 운동가와 한편이 되어서 독재 정권에 대항했어.

이처럼 어떤 행동이 부정하거나 비인간적이어서 더 이상 참을 수 없다고 생각되고 판단할 수 있는 나이가 되면 이제 저항은 살아남기 위한 수단이 되지. 사회, 정치 문제에 참여하면서 스스로 존재하기 위해서 계속 싸우는 것이야.

투표만으로는 충분하지 않다

민주주의는 매우 훌륭한 사상이다.
이는 국민(그리스어로 데모스demos)이 가진
권력(크라토스cratos)이다.
따라서 민주주의에서는 국민이 힘을 가진다!
그렇다면 민주주의가 정치제도로서
최선이라고 할 수 있을 것이다.
그렇지 않을까?
하지만 어떤 사람들은
그것을 의심할 수도 있지 않을까?
어쨌든 우리가 민주주의에 조금만
더 깊이 관심을 가지게 되면
금세 몇 가지 궁금증이 생기게 된다.
때로는 듣기에 거북한 질문 사항들도……

민주주의는
모든 국민이 가질 수 있는 국민의 권력?

국민은 어떻게 자신이 가진 권력을 행사할 수 있을까? 선거에 참여하는 것? 아주 좋다. 하지만 국민은 바로 우리인데 우리가 모두 동의하지 않는다면 어떤 일이 일어날까? 물론 다수가 우월하긴 하지만, 소수도 존중해야 하는가? 소수도 권리가 있는가? 이 권리는 무엇인가? 어떻게 권리를 얻을 수 있는가? 그리고 옳은 것이 다수가 아니라 소수인 경우가 종종 일어난다면?

상상해 보자. 내일 프랑스 정부가 국민에게 브라질에서 전쟁을 해야 하는지 마는지에 대해 국민투표를 실시한다. 그리고 다수가 이와 같은 관점에 동의를 했다면 이 민주주의적 투표가 당사국에는 긍정적일 수도 있지만 인류 전체에도 그럴까? 무력 충돌이 아니라 외교적 방법이나 협상을 통해서 문제를 해결해야 한다고 주장하는 소수가 옳을 수도 있다면? 이와 같은 생각이 완전히 터무니없는 것은 아니다. 1934년 히틀러가 권력에 오른 지 1년 만에 유대인 박해와 나치당 외에는 모든 정당 활동 금지 등이 시작되었다. 그리고 같은 해 8월 히틀러는 독일인들에게 자신에게 모든 권력을 맡기는 것에 동의하는지를 물었고 국민 89퍼센트가 긍정적 답변을 했다. 그렇다면 당시 히틀러가 자신의 독재적, 영토 확장적, 인종차별적 정치를 통해 전 세계를 전쟁으로 몰고 갈 수도 있다고 생각했던 소수가 옳은 판단을 한 것이 아닌가?

정치적 민주주의, 무기한 건설 중인 사상

민주주의는 우리 모두 정치적 의견을 가지고 있으며 이를 표현할 수 있고 다른 사람들이 내는 의견을 들을 수 있으며 심지어 그 의견들을 중시해야 한다는 것을 함축하고 있다. 그래서 각 개인은 민주주의가 올바로 기능하도록 투표를 해야 한다.

만약 35명으로 구성된 한 반이라면, 모두 함께 의견을 결정하는 것이 아주 쉬울 것이다. 2,500년 전 아테네에서 그랬던 것처럼 모여서 토론하고 투표하면 충분하다. 만약 모든 아이가 찬성을 한다면-가격을 올리지 않고 학교 식당의 질을 향상시킨다는 뭐 그런 안건이면 가능하지 않을까?- 투표는 불필요할 수도 있다. 그런데 함께 토론을 해야 할 인원이 35명이 아니라 선거인단 3,500만 명이라면 훨씬 더 복잡해질 수도 있다. 다행히 현실에서는 우리 목소리를 들려줄 수 있는 다양한 시스템이 존재하고 있다.

고대 아테네 시민은 공공 광장인 아고라에 모여 함께 토론하고 투표를 했었다. 이들이 바로 민주주의를 창시한 – 물론 당시에는 완벽하지 못했지만 – 사람들인데, 이는 당시 아테네 시민 수(약 4만 명 정도)가 아주 적었기에 가능했다. 주민 대부분은 정치 생활에 참여할 권리를 가지고 있지 않았기 때문이다. 여성과 노예들(약 13만 명)을 필두로 하여 거주 외국인(도시국가 내 외국인들로 그 수는 거의 도시국가 주민 수와 맞먹었다.)이 있었지만 그들은 시민에 포함되지 않았다. 또한 20세 이하 청소년들도 투표권을 가지고 있지 않았다.

가장 많이 알려진 것처럼 민주주의에서 핵심은 바로 선거 제도이다. 다시 말해 시민이 투표를 통해 한 정당이나 남녀 정치인 중 한 명을 선출하는 것이다. 시민은 '도시국가(고대 그리스어로 폴리스)' 생활에 참여하는 사람들로서 이런 방식으로 '정치'가 생겨나게 되었다. 여기에서 도시국가 생활을 넓은 의미로 이해해야 한다. 그것이 바로 정치 생활이요, 모든 국가의 생활이요, 같은 국가에 살고 있는 모든 사람의 생활이다.

예컨대 우리 모두가 학교 식당이 질적으로 향상되기를 원하는 것, 그것은 좋은 일이다. 하지만 어떤 의미에서 향상시켜야 하는가? 어떤 사람들에게는 그저 더욱 푸짐한 식단, 또 다른 사람들에게는 고기가 없는 식단(채식주의자들의 경우), 아니면 고기는 좋은데 돼지고기는 빠진 식단(이슬람교도들이나 유대교도들의 경우), 아니면 매일 감자튀김만 나오는 식단(영양 균형은 전혀 생각하지 않는 사람들의 경우) 등등 다양할 수 있다. 이렇듯 대다수가 학교 식당을 향상시키는 데는 찬성했지만 '향상'이라는 단어를 풀이하는 데에서는 의견이 다를 수 있다.

한편 스위스에서는 국민투표가 상당히 자주 이루어진다. 이 국가 정치체제에서는 어느 정도의 시민이 요구하는 경우에 모든 주제에 대해서 '투표'를 실시할 수 있도록 되어 있다.

유럽이나 국가 혹은 심지어 도시 차원에서 우리는 무궁무진한 주제에 과반수가 넘는 의견이 있을 수 있다. 유럽 헌법이나 원자력 전력, 이라크 전쟁, 온실효과를 막기 위한 탄소세, 테러 주의, 외국인들에 대한 선거권 등과 같은 것에 찬성하거나 반대하는 과반수가 있다. 하지만 누가 이 같은 투표를 통해서 시민 대다수가 그 문제의 핵심에 대한 동의를 제대로 표현할 수 있다고 보증하겠는가? 아니, 달리 말하자면 진정한 합의를 도출하기 위해 투표가 정말 충분한 방법인가?

우리는 투표를 하지만 종종 이 투표가 뿌리 깊이 박힌 의견이나 틀림없는 확신 등을 대신할 수 있는지는 분명하지 않다. 따라서 몇 개월간 공백이 있은 후에 다시 실시한 투표에서는 상반된 결과가 나오는 경우도 쉽게 볼 수 있다.

예로 2005년 프랑스 국민 과반수는 유럽 헌법에 대해 반대표를 던졌었다. 하지만 2년 뒤 대통령 선거 유세에서 거의 모든 후보자가 이에 찬성하는 입장을 표명했다. 즉, 프랑스 국민은 2년 후 의견을 완전히 바꾸어 버렸으며 2005년 당시 유럽 헌법에 반대했던 것도 그 자체에 대한 반대이기보다는 당시 정부를 처벌하는 한 표현 방법이었다고 말할 수 있을지도 모른다. 혹은 어떤 후보자도 맘에 들지 않았을 수도 있다. 저명한 분석가인 에마뉘엘 토드는 2007년 대통령 선거를 유권자들의 극단적인 반대 의지의 표현으로 설명하면서 '사르코지파'들은 반왕정파들이며 '친왕정파'들은 반사르코지파였을 뿐이라고 보고 있다.[1] 어떠한 해석을 내리든지 민주주의 기능에 대해서는 결코 안도할 수 없다. 시민이 한쪽 편에 찬성표를 던지다가 또 다른 편으로 찬성표를 던지는 그 논리의 진정성을 파악해 보지 않고서는 민주주의가 어떠한 기능을 할 수 있는 것은 절대 쉬운 일이 아니다.

민주주의는 모래성 같아서 끊임없이 다시 세우고 다시 건축하고 공고히 하고 정비해야 한다. 그러나 지속적인 보수가 없이는 민주주의는 균열이 생기고 붕괴될 수도 있다. 아무렇게나 투표하지 않게 하기 위해서-또 몇 개월 뒤 전혀 반대로 의견을 바꾸지 않도록 하기 위해서- 정치적 현실을 끊임없이 살펴보아야 할 것이다. 또한 쟁점-언제나 분명히 이해할 수

---

1 사르코지 대통령은 우파 성향을 띤 대통령이었지만 친미주의적·반유럽연합적 성향으로 신자유주의적 우파라고 할 수 있다. 그래서 극우파를 의미하는 '왕정파'와 '친사르코지파'가 대립적인 개념으로 설명되고 있는 것이다.

있는 것은 아닌데 이는 정치에서 쟁점은 아주 복잡하기 때문이다.-을 올바로 이해하는지 확인하기 위해서는 토론을 하는 것이 낫다. 따라서 투표할 때 자기 권리를 심사숙고한 후 결정해야 하므로 시민으로서 권리를 행사하는 것은 그렇게 간단한 일이 아니다.

민주주의는 선거제도에만 국한되는가?

결국 우리가 비용 인상 없이 학교 식당을 질적으로 향상시키는 데에 모두 동의했다고 해도 이 조치를 잘 적용해야 하는 과제가 남아 있는 것이다. 분명 쉬운 일은 아니다. 일반적으로는 소수 사람들이 의견을 수렴하고 결정을 적용하는 일을 담당한다.

국가 차원에서 정책을 적용하는 것은 정부가 담당한다. 그리고 민주주의국가에서는 정부가 국민이 투표한 결과를 시행하게 된다. 앞서 이야기한 바와 같이 스위스 국민은 거의 모든 주제에 대해 투표를 한다. 그렇게 함으로써 정부는 국민이 원하는 바를 더욱 쉽게 알 수 있다. 프랑스에서는 이에 비해 훨씬 적게 국민투표를 실시한다. 5년 임기로 선출된 대통령은 국회를 구성하는 국회의원들과 함께 통치하게 되는데 국회의원들도 5년 임기로 선출되며 거의 대통령과 비슷한 시기 동안 직무를 수행한다. 이 5년 동안 프랑스 국민은 다른 선거 (지역 선거, 시의원 선거, 면 의원 선거, 유럽의회 선거)를 위해서도 투표한다. 하지만 이 선거들은 대통령 권한에 영향을 주는 것은 아니어서 대통령은 여전히 국회에 모이는 대다수에게 그 지지 기반을 두고 있을 수 있다. 한편, 우리는 3년 혹은 5년 후에 우리가 결정할 일을 알 수 있을까? 보통은 이에 대해서 아무 생각도 없겠지만 우리는 선거제도를 통해 향후 5년이라는 긴 시간 동안 대통령과 국회의원에게 결정권을 부여하게 되는 것이다.

따라서 선거제도에는 한계가 있다. 하지만 다행히도 민주주의는 선거제도에만 국한되는 것은 아니다. 선거기간 사이에 국민은 자기 의견을 표현하면서 타인들과 의견이 일치하는지 혹은 반대 의견은 무엇인지를 표현할 수 있는 권리가 있다. 예컨대 국민은 정당, 노동조합, 협회, 압력단체에 가입하거나 이와 같은 조직들을 스스로 만들 수도 있고 신문을 발간하고 전단지를 배포하며 길에서 시위도 할 수 있다.

정치란 정보를 얻고 이해하고 결정하기 위한 엄청난 노력!

민주주의는 공동으로 결정을 내리는 방식이다. 이 제도가 가지고 있는 장점은 분명하다. 만약 우리가 함께 다수결로 의견을 결정할 경우 더욱 많은 사람이 공동으로 내린 결정을 실현하는 데 참여할 수 있게 될 것이다. 하지만 이와 같은 엄청난 원칙을 적용하는 것은 단순하지 않다. 우리는 그렇게 좋은 세상에서만 살고 있는 것은 아니니까. 영국 소설가 조지 오웰은 자신의 소설 《동물농장》에 우리 모든 사람은 평등하지만 '어떤 사람들은 다른 사람들보다 조금 더 평등하기도 한 것이다.'라고 썼다.

현재 민주주의에서는 모든 이가 정치적으로 평등하다는 것이 확실하지 않다. 모든 시민에게는 권리가 있고 투표권이 있

조지 오웰이 쓴 소설 《동물 농장》은 한 농장에 있는 동물들이 인간 농부들에 저항하여 인간들을 쫓아내 버리는 이야기다. 이후 동물들은 점진적으로 농장을 재정비하는데 말들은 죽도록 일을 하고 암탉과 양들도 일을 한다. 그런데 돼지들은 다른 동물들을 위한 결정을 내리는 일만 한다. 심지어 민병대(구성원은 개들)를 구성해서 질서를 잡고 동물들을 보호하는 일을 담당하게 한다. 이렇게 돼지들은 지배층이 되어서 인간들처럼 두 발로 걸어 다니는 것을 배우고, 모든 동물은 평등하지만 자신들이 농장에 사는 다른 동물들보다 '조금 더 평등'하다고 주장하게 된다. 결국 돼지들은 인간들을 닮아 가고 역으로 인간도 이들을 닮아 가는 것이다!

다.(하지만 프랑스에 사는 외국인 대부분과 죄수들은 투표권이 없다.) 따라서 우리는 선거와 관련해서는 거의 모두 평등하다. 즉, 각 시민마다 한 표씩 투표권을 행사하며 또한 우리는 정당에 가입하거나 새로이 정당을 만들 수도 있고 어떤 정당이나 노동조합, 단체, 기관에도 속하지 않을 권리가 있다. 이러한 거부할 수 있는 권리도 매우 중요하다. 히틀러 정권하에서는 모든 독일인이 다양한 단체, 예를 들면 청소년들은 '히틀러의 청소년'이라는 단체에 속하도록 강요받았기 때문이다. 나치당이 조직한 이와 같은 단체들은 모든 독일인을 동일한 방법으로 사고하게 하려는 목적으로 일종의 여론 조작 기구로서 이용되었다.

하지만 민주주의가 선거권, 정당에 속할 수 있는 권리, 정치적 의견을 표현할 권리에만 국한되는 것은 아니다. 우리 자신을 표현할 수 있는 권리는 국민 전체가 소수가 낸 의견까지도 알 수 있다는 전제하에서만 유익할 수 있다. 이와 관련한 유명한 사례가 있다. 1940년 6월 드골 장군은 프랑스 국경을 침범한 독일군들 앞에서 항복하기를 거부했다. 하지만 페탱 장군은 자신이 프랑스를 장악하기로 결심하고 나치에 협력하여 전투를 중지했다. 그래서 드골 장군은 자신이 어떤 정치적 입장인지 국민에게 알게 할 필요가 있었다. 만약 BBC 방송[2]이 도와주지 않았다면 드골 장군은 영국에 고립되어 그 이후 사건들에는 아무런 영향을 끼치지 못했을 것이다.

　따라서 정치, 특히 민주주의에서는 자기 권리를 전적으로 행사하기 위해서 국민은 다양한 정당이나 협회에서 제안한 의견과 해결책들을 반드시 이해할 수 있어야 한다. 이것이 불가능해 보인다고? 실현하기 참 어려운 일인 것은 사실이다. 하지만 그래서 모두가 평등한가? 아니면 다른 사람들보다 더 강하게 의사를 표현하는 어떤 사람들이 대다수 시민보다 '더 평등'하게 되는 것인가?

　일부 사람들은 자기 의사를 표현하기 위해서 더 많은 사람에게 자기 목소리를 들려줄 수 있는 경로를 이용한다. 선거 후보자들—남녀 정치인들—은 회의나 언론에서 그 누구보다 더 목소리를 크게 내는 사람들이다. 하지만 이들뿐이 아니다. 노동조합 지도층, 압력단체와 다양한 협회 임원들, 기자들 또 텔레비전 아나운서, 유명한 가수들이 이 지구를 위해서 '참여'하고자 하는 경우, 모두가 자신들이 전달하고자 하는 메시지를 확대할 수 있는 어떤 의사 표현 수단을 사용한다. 이것이 바로 정치 선전을 하는 목적이다. 강연을 하고 목소리를 크게 내며 신문, 라디오, 텔레비전, 인터넷을 통해 사람들을 감동시키려는 것이다. 요즘에는 정치적 선전도 점점 화려해지

2 영국의 라디오방송

고 있는데, 더 많은 관심을 끌기 위해 서로 싸우는 수많은 미디어 매체와 과잉 공급되는 메시지들은 모든 사람이 귀를 기울일 수 있을 만한 아주 상당히 강한 목소리를 내야만 하기에 그런 것이다.

대중 정치, 이것은 정치인가, 구경거리인가?

선전 활동이 민주주의와 반드시 사이가 좋은 것만은 아니

환경보호를 주장하는 전문 사진작가인 얀 아르튀스-베르트랑은 《하늘에서 본 지구》라는 책을 1999년에 출간하면서 큰 성공을 거두었다. 그는 이 책이 성공을 하자 환경학적인 자료들도 개발하기 시작했다. 그는 헬리콥터를 타고 지구를 돌다가 지구가 얼마나 인간들의 활동, 특히 산업과 농업으로 파괴가 되었는지 주목하게 되면서 이를 전 지구 사람들에게 알려 주고 싶어 했다. 그리고 이제 자신이 아주 재빠르게 행동해야 한다는 것을 알았다. 그는 메시지를 알리기 위해서 사진과 책이라는 규정된 틀에서 벗어나 2009년에 '집Home'이라는 영화를 만들었다. 또한 자신이 가지고 있는 모든 수단을 동원하고 후원자들에게서 어마어마한 지원을 받으면서 텔레비전, 인터넷 그리고 DVD 제작으로 동시에 영화를 배급했다. 이렇게 그는 어떤 정당에도 속하지 않고 환경문제를 알리는 메가폰이 되었다. 그 결과물들은 정치계에도 알려졌다. 2009년 유럽의회 선거를 며칠 앞두고 '집'이 텔레비전에서 방영되자 이것을 본 사람들이 다니엘 콩-방디가 이끄는 녹색당을 지지하게 되었고, 녹색당은 15퍼센트라는 기록적인 결과를 얻을 수 있었다. 모두 그가 작업해 온 미디어적 측면 덕분이었다.[3]

---

3 중도좌파인 녹색당은 프랑스의 소수당으로 평소에는 지지율 4~5퍼센트를 기록하였다. 한편 이전 2012년 대통령 선거에서는 2퍼센트대로 하락하였다.

다. 선전 활동은 어찌 보면 광고라고 할 수 있다. 그래서 객관적인 정보를 주는 것처럼 보일 수도 있지만 실제로는 상당히 사상적 경향을 드러내면서 국민이 특정 정당으로 기울도록 하는 목적을 가지기도 한다. 하지만 선전 활동은 반드시 필요하다. 만약 소수 정당이 자신들이 정치적으로 어떤 생각을 갖고 있는지 알리려고 애쓰지 않는다면, 예를 들어 당원들이 길에서 자신들이 어떤 정치적 위치에 있는지 알려 주는 전단지를 배포하지 않는다면 우리는 이 정당이 존재하는지조차도 알 수가 없다. 그래서 소수 정당은 이러한 선전 활동을 할 때 전단지에 정당 마크를 표기해서 이를 읽는 시민이 이것이 어느 정당이 내세우는 주장인지를 이해할 수 있도록 해야 한다.

미국에서 정치는 오래전부터 사람들에게 구경거리였다. 할리우드 영화배우였던 로널드 레이건이 1980년부터 1988년까지 미국 대통령으로 재임한 것이 대표적이다. 하지만 이것만이 정치가 구경거리로 탈바꿈한 유일한 증거는 아니다. 미국에서는 주요 두 정당, 공화당과 민주당이 개최하는 전당대회[4]가 있는데, 전당대회는 스타, 음악가, 영화배우 들이 함께 참여하면서 거대한 축제로 변화시킬 수 있는 장비들을 통해 진정한 공연처럼 이루어진다.

---

4 대통령 후보 지명을 위한 집회로 '텔레비전 저널리즘'의 올림픽이라고 불리기도 한다.

앞에서 말한 바와 같이 선전 활동에서 정당 이름을 밝히지 않는다면 선전의 정당성은 떨어지게 된다. 그런데 이것이 바로 '대중' 정치를 하는 방법이 될 수도 있다. 이번에는 사생활 정보들을 가지고 어떤 개인에게 관심을 기울이게 하는 것이다. 이때 그 사람이 어떤 정치적 견해를 갖고 있는지 사회적 차원에서 어떤 행동을 하는지는 중요하지 않다. 대중 선전 활동을 하는 형태는 정치와 전혀 상관없는 다른 기준에 따라 정치적 홍보를 만들어 내기 때문이다. 2000년대에 들어서 이와 같은 실례들은 무수히 많다.

2007년에 선출된 프랑스 대통령 니콜라 사르코지를 예로 들어 보자. 그는 톱 모델 카를라 브루니와의 결혼, 부인과 함께하는 조깅 모습을 보도하고, 일부 장관들의 선임 방법 등을 미디어를 통해 전파하면서 정치적 홍보에서 '대중'이라는 형태를 만들어 냈다.

같은 해 후보였던 세골렌 루아얄도 대통령 선거를 앞두고 수영복을 입은 자기 사진이 공개되도록 하거나 사생활 가운데 일부분을 스스로 공개하면서 개인 선전 활동을 촉발했다. 2007년 프랑스 법무부 장관이었던 라시다 다티는 세골렌 루아얄보다 먼저 개인적인 정치 이익을 위한 '홍보'를 위해 스스로 출산 장면을 공개하기도 했다. 이처럼 정치인들의 사생활에 대한 '피폴리자시옹pipolisation[5]'은 거의 모든 진영에서 나타나고 있다. 심지어 급진당[6]에도 그런 예가 있는데 프랑스 운동가 조세 보베[7]는 정치와 전혀 상관없는 텔레비전 프로그램에 출연하는 것을 수락하기도 했다.

이제 정치 지도자들은 언론뿐만 아니라 심지어 직접 대형 스펙터클 영화를 만들어 칭찬받는 슈퍼우먼, 슈퍼맨이 되려고 한다. 그래서 스스로 사생활을 통해 보여 주는 이미지가 이제는 정치 생활을 구성하는 한 부분이 되었다. 사람들이 세골렌 루아얄에 대해 아주 현대적인 여성이라고 말하는 것은 그녀가 자기 사진을 마구 찍도록 내버려 두기 때문이다. 정작 사람들은 그녀가 어느 지역 의회장인지(푸아투샤랑트 주), 정부에 참여하여 교육부를 담당하고 있었다는 것 등 실제 그녀가 해 온 정치 생활은 잘 모른다. 니콜라 사르코지 대통령 또한 자신이 대중에 가깝다고 말한다. 하지만 지방 방문을 상당히 많이 하는 그의 이동은 진짜 공연같이 계획되어 실제 그가 이동하는 과정에서 조그만 문제도 일어나는 것을 대중에 보여 주지 않으려고 주민은 아예 접근하지 못하게 한다. 또한 상상할 수도 없는 경찰들이 함께 이동하면서 이동 경로에 사는 지

---

5 유명인들의 사생활을 미디어에서 다루는 것
6 프랑스는 다양한 정치적 스펙트럼을 가지고 있는데 극우나 극좌의 성향을 가진 정당들도 상당히 많이 존재하고 있다. 극우적인 성향을 가진 '국민전선당'이나 극좌적으로 공산당 성향을 가진 '좌파전선'이 2012년 대선에서 10퍼센트 이상 지지율을 기록한 것을 봐도 알 수 있다.
7 반세계화 운동가이며 전투적인 농민 운동가로 세계화의 대표적 상징인 미국의 맥도널드 매장을 파손하며 시위를 벌인 것으로 유명하다.

역 주민들과 거리를 둔다. 만약 시위자들이 니콜라 사르코지가 있는 장소에서 약간, '너무' 가까이 접근을 하는 일이 발생하면 그 지역 도지사는 즉시 승진 가능성이 전혀 없는 곳으로 이동된다.

그러므로 언론에서 주목을 받는 일이 여전히 의미가 있는지를 판단하는 것은 매우 어려운 일이다. 언론에서 주목을 받으면 실제 거짓이었던 것이 결국에는 진실이 되는 경우도 있기 때문이다. 만약 텔레비전에서 분쟁을 보여 주면 그대로 그것이 현실이 된다. 거리에서 어떤 충돌도 없이 대통령이 방문했다고 언론 보도가 되면 이것도 현실이 되는 것처럼. 시위자들이 의견을 표명하러 오는 것은 예전 대통령들 재임 중에도 종종 있었던 일인데 이들이 평상시 오가는 거리에서부터 조용해야 한단 말인가? 그래서 사르코지 대통령이 농산물 박람회를 방문하던 때 어부들이나 다른 방문자들은 막대한 경찰 경계선이 있었음에도 대통령을 보호하지 못했던 바로 그 순간을 노려 대통령에 대한 적대감을 표현하기도 했었다.(혼잡한 중에 한 시민이 "아, 만지지 마요! 내 옷을 더럽히잖소!"라는 말에 대통령은 요즘 유행어가 되어 버린 "꺼져, 이 불쌍한 바보야!"라고 응수했다.) 달리 표현한다면 진실일 수도 있는 것, 그리고 우리가 가진 시위의 자유를 보호해 줄 수 있는 것을 빼앗겨 버린 것이다. 왜냐하면 시위는 국민이 기본으로 갖는 자유 중 하나로 시위 중 폭력을 사용하는 것만이 금지된 사항이다. 이 두 가지는 분명 다르기 때문이다.

프랑스 철학자 기 드보르는 1967년에 발표한 《스펙터클의 사회》에서 근대사회의 스펙터클이란 '이미지로 여론화된 인물들 간의 사회적 관계'라고 설명했다. 다시 말해 우리는 서로 구체적인 현실(친구들, 원수들, 이웃들, 가족 구성원 등)에 기초한 관계보다는 오히려 우리 삶과 사회에서 얻는 입지(사회적 서열)와 생산적 시스템(기업 내 서열)을 통해 타인들에게 보여 주는 이미지에 기초한 관계를 지속한다는 것이다. 따라서 드보르는 사회 속에서 우리가 가진 위상과 다른 사람이 가진 위상을 보여 주는 현실적 사실보다는 이미지를 더욱 많이 이용하기 때문에 개인 간의 사회적 관계는 일반화된 스펙터클에 의해 결정된다고 말한다. 그래서 이제 관계를 지배하는 것은 '진실'이 아니라 오히려 '거짓'이며 거짓이 진실이 될 정도이다! 다시 말해서 스펙터클은 사회적, 경제적, 정치적 관계 속 현실보다 더 많은 중요성을 가지게 된 것이다.

이와 같은 보여 주기식 언론 속 거짓과 진실이 뒤섞인 혼돈과 시민이 정말로 실제 일어나는 일이 무엇인지 분별하여 아는 것이 불가능한 현실에서는 민주주의에 도움이 될 만한 것을 찾기가 쉽지 않다는 것은 명백하다. 따라서 무엇인가를 이해하기 위해서는 대중 선전 활동을 잊어버려야 할 뿐 아니라 언론에서 보여 주기식인 겉옷 이면에 가려진 진실이 무엇인지를 볼 수 있도록 애써야 한다. 국민이라는 것, 그것은 단지 권리이기만 한 것이 아니라 이제는 항상 책임져야 하는 직업이요, 일이 되었다.

정치에 참여하는 방법들

'정치 참여'는 종종 두려움을 주는 단어이다! 우리는 프랑스에서 정당이나 노동조합 들을 통해 정치 참여에서 겪는 위기를 보아 왔다. 이 정치 참여를 '제안하는 방법'은 아주 다양하다. 극우파에서 극좌파까지 상당히 많은 정당이 존재하고 있다. 물론 인종차별적 사상을 주장하거나 권력을 쟁취하기 위해 무력을 이용하는 정당이나 단체 들은 법적으로 금지되어 있다. 하지만 무력을 통해 권력을 쟁취하는 혁명적인 견해-인종차별적 주장을 선전하는 것은 법으로부터 심판을 받는다.-를 자유롭게 토론하는 것은 허용된다. 그러므로 우리는 자신이 내세우는 의견과 그 사상이나 강령이 어느 정도 일치하는 정당이나 단체를 찾을 수 있다고 볼 수 있다.

한편, 사회참여에는 또 다른 전제가 있다. 우리가 정치적으로 단체의 효율성을 믿는 것, 강령과 정당이 사회를 실제로 변화시키며 개선시킬 수 있다는 믿음을 가지는 것이다. 하지만 최근 10~20년 동안 국민은 이 단체들이 사회를 변화시킨다는 효율성에는 의심을 품고 있다. '모든 것은 브뤼셀 정상회담이나 G8 정상 회담에서 결정된다.', '정치인들은 금융 논리를 따르는 경제적 결정만을 받아들인다.' 이러한 말들처럼 정당과 정치인들이 무능력하다고 인정하는 것들이 정당 하부 조직원들이 정치에 참여하는 방법을 변형시켜 왔다.

이제는 사람들이 더 이상 꼭 정당을 조직하고 정당에 속해서 활동해야만 변화를 일으킬 수 있다고 생각하지 않는다. 더 많은 국민이 관례적인 방법이 아닌 간접적인 방법으로 일하는 단체들을 선택한다. 더 이상 선거를 통해 '권력을 쟁취'하기 위해 정당에 가입하는 것이 아니라 우선 일상생활에서부터 변화하며 정치계를 변화시키려고 한다. 예를 들어 핵폐기물 처리장 건설에 반대하면서 시야를 넓혀 줄 수 있는 관련 인사들을 영입해야겠다는 자각을 하게 되는 것이다. 어떤 사람들은 이렇게 해서 압력단체를 조직하기에 이르고 이를 통해 정치권에 직접적인 영향을 가지게도 된다. 한편, 우리는 여전히 정치가 다른 성향으로 '옮겨 가기' 위한 선거제도에는 관심이 없다. 엄격하게 말하면 특정 정당이나 특정 압력단체에 아무것도 기대하지 않지만 적극적인 방식으로 활동하면서 이제는 다른 형태로 항의를 하려고 한다. 이렇게 정치에 참여하는 형태는 점점 더 다양해지고 있다.

다른 방식으로 정치에 참여하는 사람들 중 요즘에는 사회 연대 단체들이 가장 많이 알려져 있다. 노숙자와 함께하는 사회연대 단체(주거 권리Droit au logement, 열악한 환경 거주자들 모임Collectif des mal-logés, 돈키호테의 아이들Enfants de Don Quichotte 등), 불법 노동자들을 돕는 단체(시마드Cimade, 국경 없는 교육망Réseau Éducation sans frontières, 국립 외국인 국경 지원 협회 Association nationale d'assistance aux frontières pour les étrangers)는 엄밀히 말하면 전형적인 인도주의적 활동들에만 제한하지 않는다. 이런 단체들이 종종 정치적인 위치를 가지게 되는 경우, 자신들이 개입할 수 있는 분야에 전문가적 관점을 제시할 수 있기 때문이다. 물론 이들 단체 간에도 모든 의견이 정확하게 일치하는 것은 아니지만 반대로 장벽이 되지도 않는다. 이런 식으로 정치 참여를 '제안하는 방법'은 상당히 선택할 수 있는 폭이 넓다. 이런 모든 단체는 주 혹은 월 단위로 일정 시간 활동할 수 있는 자원봉사자들을 필요로 한다.

그린피스Greenpeace는 세계적으로 환경 정책에 영향을 주기 위해 애쓰는 가장 유명한 단체 중 하나이다. 그린피스에서 하는 활동은 아주 집중되어 있다. '하부' 활동 요원들은 언론에서 가장 많이 다루는 활동에 개입하여 결정하지는 않지만 이들이 활동하는 것들은 수많은 사람으로부터 관심을 끌게 한다. 국제사면위원회Amnesty International도 처음에는 고문에 반대하기 위해 설립된 단체였다. 처음에는 국민이 자기 국가에서 일어나는 일들을 고발하는 것을 수용하지 않았지만 이와 같은 제한이 최근에 없어지고 개입하는 폭도 넓어지면서 단지 고문에 대한 반대뿐만 아니라, 예를 들면 아동 노동 착취 반대, 모두를 위한 주거지 안정 등을 주장하게 되었다. 국제 감옥 감시단OIP:Observatoire international des prisons도 기존에 세운 관념을 흔들어 놓은 기구이다. 이 기구는 정기적인 조사를 통해 수감자들에게 있는 권리가 보호되지 못하고 있는 프랑스를 고발하고 다른 기관들과 마찬가지로 이 같은 투쟁에 동참하고 싶은 사람들과 함께하고자 한다.

심지어 어떤 단체들은 직접적으로 불복종을 촉구하기도 한다. '불복종자들les Désobéissants'[8]은 선언문[9]을 발표하기도 했다. 마찬가지로 '건널목지기 소위원회le Sous-comité des garde-barrières'에서는《우리를 망가뜨리는 이 사회 체계를 알려고도 하지 말자-일반적인 불복종을 위한 선언》을 출판했는데, 이것은 다양한 '불복종' 선언들이 출현하기 전 그 시초라고 할 수 있다. 그리고 몇 년 전 교육부에서 일어난 학생들의 신상

8 비폭력적 방법으로, 필요한 경우 불복종하도록 교육하고 훈련하는 단체
9 핵 문제, 환경문제와 같이 전 지구적 문제들을 비폭력적이고 유희적인 방법으로 해결하기 위해 다국적 문화와 사회 부정의의 세계화에 불복종하도록 촉구하는 선언문

명세서 작성에 반대한 불복종 운동이 사회에 확실한 반향을 일으킨 적도 있었다. 교육부의 쇠퇴는, 먼저 '성장의 반대자'라는 신문 이름으로 상징화되었고 이 신문은 경제적 성장을 반대했다. 그리고 시위를 통해 또는 지역 모임이나 집회를 조직함으로써 이러한 주장을 알리고자 했다. 또한 프랑스 환경 운동가 피에르 라비가 창립한 '의식의 봉기를 위한 외침Appel pour une insurrection des consciences'이라는 인류애를 표방한 단체도 있다. 이 단체는 다양한 의견들이 모여 있는 보고로서 전 세계 기아 문제, 농업, 전쟁 등에 대한 논쟁에 개입하려고 한다. 세계 야생 생물 기금World Wildlife Fund은 자연보호를 위한 기구로 동시에 정보를 제공하고 로비하는 일도 하고 있다. 청소년들이 이와 같은 기구에 가입하는 것은 쉽다.[10]

이외에 다른 일부 단체들은 전통적인 정치에서 벗어나 유머를 이용하기도 한다. 이와 같은 관행은 정치권에 늘 존재했었으며 종종 문제가 지닌 심각성에서 거리를 두고 볼 수 있도록 돕는다. 예컨대 찰리 채플린이 감독하고 출연한 '모던 타임스' 같은 영화는 기계가 지배하는 이 세상에 대한 문제를 제기하기 위해서 웃음을 사용한 가장 좋은 예 중 하나이다. 그의 또 다른 영화 '위대한 독재자'에서는 근대 속 전체주의

---

10 프랑스 사회에서는 청소년들이 사회운동에 참여하는 것이 용이하고, 또 사회적 분위기로도 참여율이 높기 때문이다.

를 고발한-하지만 어떤 부분에서는 유머러스한- 최고의 작품 중 하나로 남아 있다. '파이 던지는 사람'으로 유명해진 노엘 고댕은 정치, 문학 혹은 경제, 금융 분야에서 위선자들을 폭로하고 그들의 얼굴에 파이를 던지면서 이름을 알렸다. 그에게 '희생된 자'들은 세골렌 루아얄에서 베르나르-앙리 레비 그리고 빌 게이츠까지 있다.

한 단체는 위기를 폭로하기 위해 단체명을 '부자들을 알자!'라고 했고, 프랑스 니에브르에 있는 비스트로 대학[11]은 '주인들의 지방색을 없애라.'라고 촉구하고 있다. 이 대학은 지난 수년 동안 니에브르 지역에 있는 한 선술집에서 토론 수업을 열어 왔다. 토론 수업에는 유명인들이 참가하기도 했는데 심지어 콜레주 드 프랑스College de France에서 강의하는 교수까지도 함께했다. 이 모든 것은 재밌는 유머 속에서 진행되고 또한 니에브르 주민에게 가장 큰 이익을 가져다주었다. 반강력계 수사반Brigade anticriminelle인 BAC에서는 힘센 경찰들이 진압하는 방법을 고발하며, 또 광대 활동반Brigade activiste des clowns에서는 광대 옷을 입고 시위를 하는 데 참여하기도 한다. 최근 '예스 맨Yes Men'[12]들이 여러 지도자나 유명 인사들

---

11 비스트로는 카페, 식당이라는 공간에서 다양한 분야의 사회적 문제를 함께 토론하는 공간으로 많은 분야의 전문가들이 관심을 가지고 참여하고 있다. 이곳에서는 지식이 지식에 머무는 것이 아니라 사회에 기여하는 방법에 대해 고민하려고 한다.

그리고 기업들을 자신들이 만든 반경 안에 들어오도록 유인
해서 덫에 걸려들면 비밀리에 영상을 찍어 이들이 보여 주는
파렴치함을 폭로하려 하기도 한다.

유권자들을 공격하는 조 닥사 Zo d'Axa의 유머

조 닥사라고도 불리는 알퐁스 갈랑은 무정부주의자였다.
1898년에 그는 선거제도를 찬성하는 사람들과 정반대 입장에
서서 비판하는 글을 썼다.

'시민이여, 당신들은 속았습니다. 바보들과 사기꾼들로 구
성된 지난 의회는 유권자들을 대표하는 것이 아니었습니다.
그것은 거짓이지요. 반대로 얼간이나 사냥 몰이꾼 같은 국회
의원들로 구성된 의회는 놀랍게도 당신들이 바로 유권자라
는 사실을 보여 주는 것이기도 합니다. 항의하지 마십시오.
한 국가는 그에 어울리는 대표자를 세우기 마련입니다. 왜 당
신들은 그들을 임명했습니까? 당신들이 변화되어 봐야 뭐 여
전히 같을 것이라는 데 동의합니다. 그러니 당신들이 선출한

---

12 전략적인 미디어 활동을 통해 인지하고 있는 사회문제들에 대한 대중의 인식을 넓히려는 목적
   을 가지고 있는 문화 방해 활동가들이다. 이들은 자크 세르뱅과 이고르 바모스가 주축이 되어
   그 지지자들을 확보하고 있다.

자들도 당신들을 우롱하면서 오로지 자기 이익, 명예, 돈만을 생각하는 것을 전혀 거북해하지 않는 것입니다. 왜 당신들은 내일도 이 사람들을 다시 임명하려고 합니까? 일어서십시오! 자, 국민이여! 일어서십시오, 유권자들이여! 투표함으로 갑시다! 그리고 더 이상 말하지 마십시오. 이제 할 만큼 했습니다. 당신들이 스스로 정했던 운명에 동정받으려 마십시오. 일이 벌어진 후에 당신들이 뽑은 주인들을 욕하지 마십시오.'

우리에게 더욱 익숙한 철학자 장-폴 사르트르는 아주 오랫동안 남을 구호를 외쳤다.

"선거는 속이 훤히 들여다보이는 계략이다!"

정치권에서는 눈길을 끄는 행동 방식을 인정하고 있다. 예를 들면 유전자 조작 생물GMO을 도둑질한 것은 이 기묘한 농학적 생각에 대한 논쟁-유럽인들 대부분이 반대하는 GMO 생산-을 언론을 통해 전파시키고 정치적으로 만드는 데 상당한 공헌을 했다. 그린피스 역시 극도로 눈길을 끌 만한 많은 행동을 했고 상당 부분이 언론 매체를 통해 전파되었다.

이렇듯 정치는 그동안 오랫동안 간직하고 있으면서 때때로 먼지도 많이 일으켰던 19세기, 20세기의 큰 운동들, 즉 사회주의, 민족주의, 급진주의, 공산주의, 사회주의적 기독교 운동 등이 질주하는 그 속에 더 이상 활동 영역을 두지 않는다. 이제는 활동 방식이 훨씬 더 다양해졌고 일련의 사건에 개입하기 위한 방법도 다양해졌다. 직접 사건에 뛰어들기도 하고 길에서 시위를 벌이거나 투표도 하면서-물론 이 모든 것은 투표소에 가서 투표권을 행사하는 것을 포기하게 하지는 않는다.- 우리는 선택을 하기 위한 고민만 하면 되는 것이다!

정치는 영원히 변화하는 분야이다. 우리는 최근 몇 년간 이 변화가 상당한 속도를 내고 있음을 느낀다. 이제 우리는 예상하지 못한 사건, 예를 들면 이상기후, 생물 다양성의 급격한 감소, 해양의 심각한 오염 같은 이야기를 듣는다. 어떤 사람들은 먼저 인류 전체와 관련된 일부터 해결하고 나서 나머지 일들을 돌보자고 한다. 또 어떤 사람들은 이 모든 일은 심히 과장된 것이고 실제 지구는 그렇게 나쁜 상태가 아니라고 한다. 또 다른 사람들은 여전히 환경, 사회, 정치 문제들이 그들이 펼치는 주장처럼 모두 연관되어 있으니 동시에 공략해야 하는 것은 아닌지 묻는다. 해결책이 무엇이든 '전 세계적인 문제들', 사실 단지 '세계적'이라고 불리기 원하는 문제들이 이와 같이 범람하게 된 것은 최근 15년간 주요한 새로운 변화였다. 염려스러운 변화들과 관련되어 있지만…… 사실 우리를 열광시키는 도전 과제들이기도 하다.

이제 세계적인 문제에 참여하는 것은 중요하며 나아가 사활이 걸린 문제라는 것을 알아야 한다. 또 세계적인 차원에서 지역적 차원에 이르기까지 우리가 할 수 있는 행동들이 다양하기 때문에 진정한 정치 참여를 유도할 수 있다는 것도 알아야 한다. 이제 우리는 우리 자신을 지켜야 하는 이유가 부족하지 않다. 우리 각자 자신에게 동기를 부여하는 것만이 남은 일이다!